新公司成立、注册、制度、财务一本通

刘畅◎编著

中国铁道出版社有限公司

CHINA RAILWAY PUBLISHING HOUSE CO., LTD.

图书在版编目（CIP）数据

新公司成立、注册、制度、财务一本通/刘畅编著. —北京：
中国铁道出版社有限公司, 2023.6
ISBN 978-7-113-30138-5

Ⅰ.①新…　Ⅱ.①刘…　Ⅲ.①公司–企业经营管理–基本知识
②公司–财务管理–基本知识　Ⅳ.① F276.6

中国国家版本馆 CIP 数据核字（2023）第 061863 号

书　　　名：新公司成立、注册、制度、财务一本通
　　　　　　XIN GONGSI CHENGLI ZHUCE ZHIDU CAIWU YI BEN TONG
作　　　者：刘　畅

责任编辑：郭景思　　　编辑部电话：（010）51873022　　　电子邮箱：505733396@qq.com
封面设计：宿　萌
责任校对：刘　畅
责任印制：赵星辰

出版发行：中国铁道出版社有限公司（100054，北京市西城区右安门西街 8 号）
印　　刷：天津嘉恒印务有限公司
版　　次：2023 年 6 月第 1 版　2023 年 6 月第 1 次印刷
开　　本：710 mm×1 000 mm　1/16　印张：15.25　字数：242 千
书　　号：ISBN 978-7-113-30138-5
定　　价：69.80 元

前言

在当今社会，很多大学生、年轻人都将"创业"看作是"就业"的一种形式，随着公司设立门槛的降低及税费优惠、金融服务等方面的支持，再加上"互联网＋登记注册"的信息化应用，使得公司的创办设立越来越便利，这些利好因素都让越来越多的人激发了创业热情。

良好的营商环境为创业者开办新公司提供了有利条件，但是，设立公司并不是一件简单的事。从公司的开办到经营管理，会涉及资金筹备、找合伙人、注册登记、用人招聘、规章制度、合同管理、财务管理、税务管理等事项。这些事项是比较烦琐的，对于从零开始创办公司的创业者来说，往往为了注册登记、经营管理等问题烦恼，感到不知所措。

为了帮助创业者认识新公司成立注册、规章制度、财务管理等方面的内容，明确开办和管理新公司的流程及所涉及的风险，我们编写了本书。本书循序渐进地讲解了从零开始创办公司所涉及的具体环节和知识，从新公司开办的专业术语、股权分配及注册流程入手，再到经营管理过程中的招聘培训、规章制度、财务常识、税务筹划等，让读者能快速了解新公司设立的相关知识并应用于实践，提高开办和管理公司的效率。

本书共七章，可大致划分为三部分。

◆ 第一部分为第 1 ~ 2 章，这部分主要介绍新公司成立、注册需要做的工作，包括开办公司的资金预算与筹集、分配股权、选择办公场所、办理注册登记等。

◆ 第二部分为第 3 ~ 5 章，这部分从公司管理的角度入手，介绍了人才招聘、入职管理、薪酬设计、考核培训、员工激励、离职管理、合同管理及客户管理等方面的工作。该部分提供了大量的制度范本，以帮助读者认识并把握好公司管理中的细节。

◆ 第三部分为第 6 ~ 7 章，这部分是关于财务常识和税务管理的内容，包括财务岗位设置、财务建账、记账做账、纳税人资格认定、纳税申报等内容。该部分内容具有很强的实操性，结合了实务案例进行讲解，帮助读者更快上手。

本书注重实用性，将新公司成立注册、制度建立、财务管理等方面涉及的环节和知识点用适当的图示、表格等进行解释，以降低读者阅读的枯燥感，同时结合案例、范本来做详解，以达到即学即用的目的，书中穿插了知识贴士和实务答疑版块，帮助读者扩大知识面。

最后，希望本书的内容能为想要或正在创业的人士提供有用指导，顺利走好创业之路。

编　者

2023 年 5 月

目录

第 1 章　新公司成立前的策划和准备

✎ 实务答疑

从哪里寻找技术合伙人？

投资人和合伙人有何不同？

有限责任公司与有限合伙企业的区别？

实际出资的非货币财产不足额，怎么处理？

第2章　新公司注册登记流程和事项

✎ 实务答疑

企业法人申请变更登记时，应提交哪些材料？

注册登记时应该选什么注册类型？

哪些情形需要停止有关项目的经营并办理经营范围变更或注销？

什么是抽逃出资？

第 3 章 解决新公司招聘用人难题

实务答疑

新公司采用因人设岗，还是因事设岗策略？

为什么要提前进行人力资源规划和储备？

关于加班工资有哪些规定？

第4章 建立公司日常管理规章制度

✎ 实务答疑

哪种情形下员工不能再享受年休假？

如何保证工作沟通的有效性？

什么情形下可以辞退员工？

第5章 经营管理保障公司有序运作

实务答疑

哪些情形下，债权人不可以将债权的全部或者部分转让给第三人？

在业务谈判中，如何找到隐藏的决策者？

第6章　财务管理提升经营效益

🖉 实务答疑

新公司没有能力建账该怎么办？

如何判断发票的真伪？

第7章　税务管理提高办税效率

实务答疑

新公司没有发生应税收入，需要纳税申报吗？

月销售额未超过 15 万元的小规模纳税人如何开具发票？

什么是纳税申报前的抄报税？

第1章

新公司成立前的策划和准备

　　创立并经营一家公司并不是一件简单的事，在成立公司之前，首先要做好各项准备工作，包括对公司有充分认识、找到志同道合的人、准备好启动资金等。做好以上准备工作，能帮助自己更好地应对创业初期遇到的挑战，避免走很多弯路。

1.1 成立公司要做的前期准备

作为一个创业者，在创建一家新公司前，必须做好各项准备工作，了解市场、合伙人以及未来可能遇到的问题等，做好这些前期准备工作不仅能避免创立公司时手足无措，还能帮助自己提高创办公司的信心。

1.1.1 明确新公司的几种类型

公司是一种企业组织形式，《中华人民共和国公司法》（以下简称《公司法》）中对公司有以下定义：依照本法在中国境内设立的有限责任公司和股份有限公司。

公司是企业法人，有独立的法人财产，享有法人财产权。从其含义可以看出，《公司法》明确了两种公司类型——有限责任公司和股份有限公司。

（1）有限责任公司

有限责任公司是常见的公司类型，简称为"有限公司"。依照《公司法》设立的有限责任公司，必须在公司名称中标明有限责任公司或者有限公司字样。有限责任公司由 50 个以下股东出资设立，比较适合中小型企业。设立有限责任公司，需具备以下条件。

①股东符合法定人数，即不超过 50 人。

②有符合公司章程规定的全体股东认缴的出资额。

③股东共同制定公司章程。

④有公司名称，建立符合有限责任公司要求的组织机构。

⑤有公司住所。

只有一个自然人股东或者一个法人股东的有限责任公司被称为一人有

限责任公司，这种特殊的有限责任公司适合创始人只有一人的创业项目，过去只能以个体工商户、个人独资企业经营的项目，也可以注册为一人有限责任公司。设立一人有限责任公司需要注意以下两点。

①一个自然人只能投资设立一个一人有限责任公司。该一人有限责任公司不能投资设立新的一人有限责任公司。

②一人有限责任公司应当在公司登记中注明自然人独资或者法人独资，并在公司营业执照中载明。

有限责任公司的设立程序相对比较简单，有其独特的优势。有限责任公司的公司章程由股东共同制定，除《公司法》规定的基本事项外，股东会会议还可以规定其他需要的事项。一人有限责任公司不设股东会，公司章程由股东制定，这使得有限责任公司能在公司章程中作出适合自身的一些规定。另外，有限责任公司内部的组织机构设置也可以更灵活。

（2）股份有限公司

股份有限公司可以采取发起设立或者募集设立两种方式。发起设立是指由发起人认购公司应发行的全部股份而设立公司；募集设立是指由发起人认购公司应发行股份的一部分，其余股份向社会公开募集或者向特定对象募集而设立公司。股份有限公司的设立要满足以下条件。

①发起人符合法定人数。应当有二人以上二百人以下为发起人，其中须有半数以上的发起人在中国境内有住所。

②有符合公司章程规定的全体发起人认购的股本总额或者募集的实收股本总额。

③股份发行、筹办事项符合法律规定。

④发起人制订公司章程，采用募集方式设立的经创立大会通过。

⑤有公司名称，建立符合股份有限公司要求的组织机构。

⑥有公司住所。

除《公司法》规定的两种公司类型外，创业者根据自身情况还可以考虑设立其他合适的形式来开展经营活动，如下面这两种。

（3）个体工商户

个体工商户是指在法律允许的范围内，依法经核准登记，从事工商经营活动的自然人或者家庭。个体工商户的登记事项如下。

①经营者姓名和住所，申请登记为个体工商户的公民姓名及其户籍所在地的详细住址。

②组成形式，包括个人经营和家庭经营，家庭经营的，参加经营的家庭成员姓名应当同时备案。

③经营范围，指个体工商户开展经营活动所属的行业类别。

④经营场所，指个体工商户营业所在地的详细地址。

申请个体工商户注册登记，应当提交申请人签署的个体工商户注册登记申请书、申请人身份证、经营场所证明以及国家市场监督管理总局规定提交的其他文件。

（4）非法人组织

非法人组织是不具有法人资格，但是能够依法以自己的名义从事民事活动的组织。包括个人独资企业、合伙企业、不具有法人资格的专业服务机构等。

◆ 个人独资企业

个人独资企业是由一个自然人投资，财产为投资人个人所有，投资人以其个人财产对企业债务承担无限责任的经营实体。其特点是建立与解散程序简单、个人出资经营、管理控制权归个人、经营实体更加灵活自由。设立个人独资企业应当具备下列条件。

①投资人为一个自然人。

②有合法的企业名称。

③有投资人申报的出资。

④有固定的生产经营场所和必要的生产经营条件。

⑤有必要的从业人员。

◆ 合伙企业

合伙企业无法人资格，包括普通合伙企业和有限合伙企业两种。普通合伙企业由普通合伙人组成，合伙人对合伙企业债务承担无限连带责任；有限合伙企业由普通合伙人和有限合伙人组成，普通合伙人对合伙企业债务承担无限连带责任，有限合伙人以其认缴的出资额为限对合伙企业债务承担责任。设立合伙企业，应当具备下列条件。

①有两个以上合伙人。合伙人为自然人的，应当具有完全民事行为能力。

②有书面合伙协议。

③有合伙人认缴或者实际缴付的出资。

④有合伙企业的名称和生产经营场所。

⑤法律、行政法规规定的其他条件。

合伙企业同样具有设立、解散程序简单的特点，合伙协议书是合伙得以成立的法律基础，合伙人有出资的基本义务。

◆ 不具有法人资格的专业服务机构

不具有法人资格的专业服务机构一般包括总公司成立的分支机构、办事处、事务所等，如合伙制律师事务所、合伙制会计师事务所、合伙形式的评估机构。

1.1.2 选择合适的创业项目

创业开公司必然会涉及具体的经营业务，创业者应在开设公司前就选好创业项目，这一点尤为重要，因为它影响着创业活动的难易程度。选择创业项目时，可以考虑以下几点。

◆ 对自身进行优势评估

公司的发起人可以先对自己进行评估，了解自己擅长什么，有哪些优势，兴趣爱好是什么，对哪个领域比较熟悉等。大多数创业者创建新公司都建立在个人已有知识、经验的基础上，会更加倾向于选择自己的优势领域，让自己的长项得到充分发挥。比如程序员会将互联网科技作为创业首选、厨师会选择餐饮行业创业等。

没有人是全能的，每一个人都有自己的优势和劣势，一个懂技术的人可能并不擅长营销。正确认识自己才能在创业过程中充分发挥自身潜力，在个人能力范围内选择自身能够驾驭的创业项目，这可以大大提高创业的成功率。

◆ 项目的可行性

项目的可行性是创业成败的关键，创业者应对项目的可行性进行分析，以减少创业的盲目性，包括项目的背景、市场环境、发展趋势、必要性、经济效益等。在此过程中需要创业者进行充分的市场调查和分析，如果项目本身不可行，那么无论创业团队如何努力，最终也无法获得好的结果。

◆ 项目的创业前景

一个好的项目应有良好的创业前景，随着社会的发展，一些在过去景气的行业、项目也可能逐渐衰退，甚至落幕。创业是一个长期的过程，为了保证新公司能够长远发展，创业者应考虑创业项目的发展前景。如果选择了在走下坡路的项目，很可能导致公司的经营举步维艰，甚至连生存都无法保证。

那么如何了解一个行业或者项目的发展前景呢？主要考虑行业或者项目的市场需求、时代趋势、政策导向等。从市场需求的角度出发，新公司提供的产品或服务只有在满足市场需求的前提下才能获得利润。创业者在选择创业项目时，不妨想一想这种商品或服务是否有市场需求。

一个有发展前景的行业或项目必然是顺应时代趋势的，比如从工场手工业到机器大工业，从电报、电话、电视等现代通信技术到电子计算机的应用，都体现了时代大趋势。新时代下仍然有趋势和风口，抓住时代的趋势，跟随时代发展的步伐才更有可能带来回报。

◆ 项目的盈利能力

公司属于营利法人，营利法人是以取得利润并分配给股东等出资人为目的成立的法人。这一目的决定了创建公司须考虑创业项目本身的盈利能力，如果创业项目不能带来利润，通俗地讲就是赚不到钱，那么设立公司就失去了意义。

选择创业项目时，创业者应对项目的整体盈利模式、能力进行分析，了解项目是否能够帮助公司获得利润，这也是创业公司的生存之道，不要选择没有盈利能力的创业项目。

◆ 项目的竞争力

在竞争环境下，要找到市场需求大、盈利能力强、竞争压力小的项目是一个难题。从创业公司长远发展来考虑，有自己的核心竞争力才能在激烈的竞争中实现可持续发展。核心竞争力是不可被模仿、不可被替代的，它能为公司创造超额利润，可表现为技术优势、市场占有优势、资源优势、人力资源优势等，如拥有专利技术、团队中有管理人才、产品无法被轻易复制等。

在创业初期，可能会存在竞争力不足的情况，作为创业者应有长远的眼光，在获得利润后可将一部分资金用于提升市场竞争优势，打造公司的核心竞争力。

◆ 项目的政策导向

在确立创业项目前，创业者还要了解该项目是否符合国家政策，保证项目不违反相关法律法规。如果创业项目在政策上能得到支持或者重点扶持，那么会更容易得到好的发展。创业者要多查看政策动态、时事资讯，了解政策导向，把握好创业的好机会。在"国家创新创业政策信息服务网"中可以查看到与创新创业有关的政策动态。

1.1.3　哪些人才适合一起创业

一家公司要做大做强，仅靠一个人是不行的。创业者要避免人还没有找齐就创业开公司的错误。一开始就选对合作伙伴能有效降低创业风险，适合共同创业的人应具有以下特质。

（1）有创业能力和心态

应找有创业能力和创业心态的人一起创立公司。有的人有创业能力，但是没有创业心态，加入公司后没有主人翁意识，也没有付出、合作、务实的心态，而是将自己当作公司的一般员工，这样的人并不是理想的合作伙伴，在创业过程中很难"心往一处使"，若遇到困难也很容易分道扬镳。

有的人有创业心态，但是没有创业能力。创业能力分为硬件和软件，硬件指创业所需具备的财力、物力、人力等，软件则是指创业者的个人能力。创业合伙人要有自己的能力优势，如领导与决策能力、经营能力、管理能力、优质资源等。创业者可以选择在能力优势上实现彼此互补的合伙人，比如一个是技术高手，另一个则善于沟通，有很强的管理能力，这可以让创业团队在发展中更具竞争力。

（2）能够彼此信任

是否相互信任也可以作为评判对方能否成为创业合伙人的一个标准。创业团队成员之间不一定要有纯真、质朴的感情，但一定要彼此信任。信任是创业团队合作的基石，在创业过程中，成员之间难免会出现分歧、矛盾，如果团队成员彼此高度信任和理解，这些分歧和矛盾将很容易协商解决。若团队成员缺乏信任，常常很难在创业路途中互相支持、共克难关。一般来说，以下几类合伙人具有信任上的先天优势。

● **公司同事**：由于以前在同一家公司共事过，互相比较熟悉，也对彼此的能力、性格有了解，通过多年的同事关系双方已经建立起了充分的信任。

● **夫妻**：夫妻创业是合伙创业的一种常见模式，夫妻间有着深厚的情感，双方知己知彼，具备很强的信任感。由于大家都是一家人，在利益分配上也不会存在什么矛盾，另外，男女合作还能发挥互补的作用。

● **朋友、同学**：和朋友、同学共同创业也是很常见的模式，朋友、同学之间有一定的情感基础，特别是交往很多年的老朋友、老同学，互相知根知底，不用担心对方人品和道德瑕疵，通常双方之间的信任感是很坚固的。

● **亲戚、老乡**：不少人都比较看重亲缘、地缘关系，因此，很多共同创业的人会是兄弟姐妹、亲戚或老乡，由于大家都比较了解，因此也是能够相互信任的。如果彼此价值观一致，且对方也有创业能力，那么也可以成为合伙人选。

（3）志同道合的人

所谓"道不同，不相与谋"，找创业合作伙伴，要选择志同道合的人，志同道合是指合伙人的创业目标、动机、理念是一致的。在创业过程中，合作是很重要的，合伙人之间如果有共同的目标，相似的兴趣爱好，一致的价值观，就很容易共同合作，一起为新公司的发展而努力。

选创业合伙人时，要选有同样目标、志趣相合的人，这样才不会导致团队成员彼此排斥，并且能够彼此认同，即使在创业路上遇到困难也能一起努力，一起解决。

知识贴士 哪些人不是创业的好人选

找创业合伙人时，要慎重选择以下3类人。一是悲观者，二是有才无德，三是喜欢唱反调。悲观者并不适合创业，他们有太多的负能量，很容易中途放弃，另外，此类人的悲观情绪容易影响整个团队的氛围；有才无德的人有着扎实的技能和专业能力，很有才干，但是人品不够好，此类人能为公司带来诸多好处，但是他的品行也可能会给公司带来灾难，应慎重选择，最好选择人品好、讲诚信、以大局为重的人作为合伙人；喜欢唱反调的人也不是好的合伙人，虽说唱反调也不一定都是坏事，但是对创业团队来说，彼此认同、互相尊重是很重要的，在他人提出观点、看法时不断地反对，长此以往并不利于团队的发展。

1.1.4 做好市场调查工作

创业开公司是有风险的，要有效降低这种风险，就需要做好市场调查工作。做市场调查要分步骤进行，具体步骤如图1-1所示。

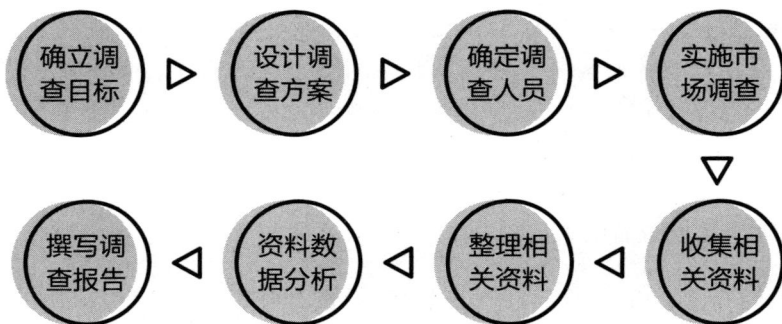

确立调查目标 ▷ 设计调查方案 ▷ 确定调查人员 ▷ 实施市场调查

撰写调查报告 ◁ 资料数据分析 ◁ 整理相关资料 ◁ 收集相关资料

图1-1 市场调查的步骤

比如，创业者看中了"剧本杀"这一创业方向，在做市场调查时，调查目标便可以是："剧本杀"市场调查分析。在市场调查方案中明确调查的目的、意义、内容、范围、方法以及调查进度、经费等。调查所需的数据资料可能来源于以下途径。

◆ 实地考察

通过实地考察的方式收集数据资料，如通过眼睛、耳朵观察目标访问者，然后将观察到的内容记录下来，或者去工厂、产品产地实地考察企业的资质、规模、技术等。实地考察收集到的资料直接、可靠，实用性也较强，缺点是受时间、空间的限制，部分市场现象无法通过实地考察的方式获知。

◆ 问卷调查

问卷调查是市场调查的常用方法，通过事先设计好的问卷对目标访问者进行访问，由此来获得数据资料。问卷调查能广泛、深入地了解创业项目的市场情况，收集到的数据可靠性也较高，但是问卷调查容易受主观因素的影响，需要对访问者的样本进行仔细筛选，且调查所花费的资金也较多。

◆ 行业报告

由专业咨询公司出具的行业报告可信度是很高的，创业者可以查阅相关行业报告，了解整个行业的市场环境、市场机遇、用户画像、技术趋势、投资价值等。"剧本杀"行业报告目录如图1-2所示。

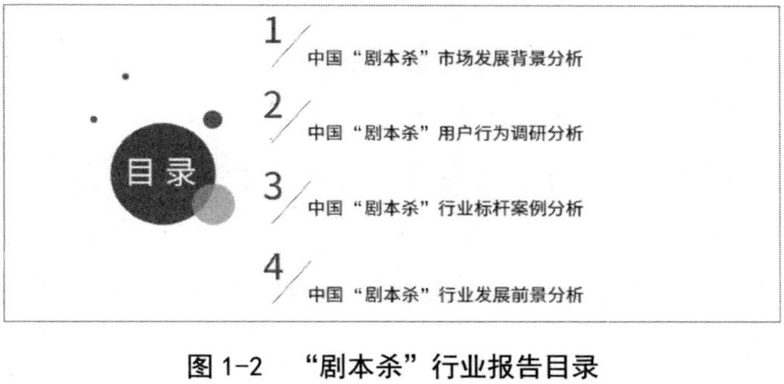

1 中国"剧本杀"市场发展背景分析

2 中国"剧本杀"用户行为调研分析

目录

3 中国"剧本杀"行业标杆案例分析

4 中国"剧本杀"行业发展前景分析

图1-2　"剧本杀"行业报告目录

◆ 网络查询

部分数据资料也可以通过网络查询的方式获取，网络查询要注意数据资料的真伪，大部分数据资料需要整理后才能使用。

创业者如果没有做市场调查的精力和条件，也可以请专业的咨询顾问或服务机构来做市场报告，这些机构可以帮助创业者了解市场动态，协助其进行可行性评估。

1.2　开办公司的资金预算与筹集

资金是创办新公司所必需的硬件，租赁办公用房、购买办公设备、人员招聘等都需要花钱，没有资金是万万不能的。所以，在注册成立新公司前，需要筹到合适的启动资金。

1.2.1　预测启动资金

启动资金是开立新公司的必要支出，预测启动资金可以分两步走，第一步明确哪些地方需要花钱，第二步测算所需支出的花费。开办新公司可预见的一些费用如下所示。

● **办公用地**：公司开展经营活动需要合适的办公场所，不管是租赁还是购买，都是一笔不少的开支，根据房屋面积、类型的不同，这笔费用的金额会有所不同。

● **装修费用**：部分办公场所需要装修后才能使用，装修办公场需要支付装修费。

● **办公设备**：指公司生产、经营所需的机器设备、办公家具、电器、车辆等。

- **开办费**：市场调查、公司注册、办理各种证件所需的费用。

- **水电煤、物业费**：公司经营过程中要支付的日常费用开支。

- **员工工资**：包括员工的基本工资、奖金、社会保险以及各项福利等。

- **招聘费用**：招聘公司所需人才所涉及的费用，如参展费、招聘广告费用等。

- **宣传费用**：指新公司宣传所需投入的费用，如开业典礼费、印制宣传册和广告推广等。

- **购买原材料/成品**：公司要生产、销售产品，需要购买原材料或成品。

- **其他杂费**：公司开办前期产生的交通费、通信费、交际应酬费等。

- **应急资金**：启动资金中应留有一笔资金来做应急周转使用。

公司规模、经营方式不同，所需的办公场所、采购的办公设备都会不同，这笔费用可以在满足经营要求的前提下尽可能节省。比如租赁办公场所时要多比较，考量中介费，选择收费更低的租赁平台，除租金外，也要考虑交通、周边配套等，尽量选择适配公司发展的办公场所。部分转租的企业会低价处理办公设备，如果办公设备可以使用，也可以选择二手设备，能省下不少支出。

创业者可以根据公司的具体情况将所需费用罗列下来，然后求和，预计总的启动资金，见表1-1。

表1-1　公司启动资金预算表

一、公司注册费用			
序号	项目	预计费用	备注
1	公司注册		
2	财务代账		
3	……		
合计			

续表

二、办公场所费用			
序号	项目	预计费用	备注
1	房屋租赁		
2	水、电、燃气、物业		
3	……		
合计			

三、公司宣传策划			
序号	项目	预计费用	备注
1	网站建设		
2	开业宣传		
3	促销活动策划		
4	……		
合计			

四、购买办公设备、用品						
序号	物品	单位	数量	单价	预计费用	备注
1	台式电脑	台				
2	复印机	台				
3	路由器	台				
4	电源插排	个				
5	办公桌/椅	套				
6	文件柜	个				
7	座机	台				
8	沙发	个				
9	茶几	个				

续表

序号	物品	单位	数量	单价	预计费用	备注
10	饮水机	台				
11	投影仪	台				
12	……					
合计						

五、行政办公费			

序号	项目	预计费用	备注
1	招聘费用		
2	员工工资		
3	保险和其他费用		
4	通信费		
5	……		
合计			

1.2.2 开办公司的资金筹措

筹措资金是创业开公司的一大难题，从公司的发起到日常运转都离不开资金的支持。创业资金很重要，那么创业者要如何获得项目的第一笔启动资金呢？创业资金主要来源于以下几个途径。

◆ 自有资金

很多创业者都有一定的工作经历，工作几年后或多或少会有一些存款，自身的存款常常是创业启动资金的主要来源。如果是几个朋友合伙开公司，则常常是每个人拿出一部分个人积蓄作为总的创业资金，这可以降低自筹资金的风险。

◆ 父母 / 亲友赞助或借贷

父母 / 亲友赞助或借贷是很多大学生、应届毕业生创业的主要资金来源。有数据表明，该渠道占了毕业生自主创业资金来源的 50% 以上。

◆ 债权融资

债权融资是指向银行等金融机构贷款，通过举债的方式进行融资。通过贷款的方式获得启动资金，要承担资金的利息，在借款到期后还要向债权人偿还资金的本金。

向银行贷款是比较传统的筹资方式，现在很多商业银行都针对创业者推出了贷款产品。除此之外，还有很多贷款平台能为创业者提供贷款服务，创业者可以灵活选择。建设银行"创业贷"业务，如图 1-3 所示。

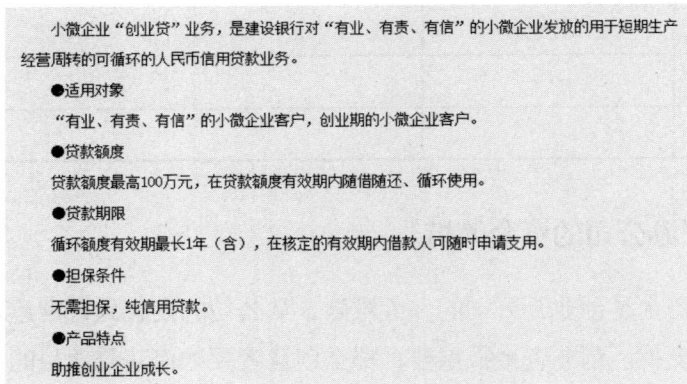

小微企业"创业贷"业务，是建设银行对"有业、有责、有信"的小微企业发放的用于短期生产经营周转的可循环的人民币信用贷款业务。

●适用对象

"有业、有责、有信"的小微企业客户，创业期的小微企业客户。

●贷款额度

贷款额度最高100万元，在贷款额度有效期内随借随还、循环使用。

●贷款期限

循环额度有效期最长1年（含），在核定的有效期内借款人可随时申请支用。

●担保条件

无需担保，纯信用贷款。

●产品特点

助推创业企业成长。

图 1-3 建设银行"创业贷"业务

◆ 股权融资

股权融资是指出让一部分股权来向投资人融资。比如，出让 10% 的股权，融资 500.00 万元。股权融资所获得的资金无须还本付息，投资者成为股东，可以分享公司的盈利与增长。如果创业者不具备银行或资本市场融资的条件，那么可以采用这种融资方式充实新公司的营运资金。股权融资具有长期性、不可逆性、无负担性的特点，融资的可操作性强。

◆ 政府 / 创业基金优惠贷款

现阶段，国家为了鼓励和扶持各类人群实现自主创业，也出台了很多贷款优惠政策，如创业担保贷款政策。创业担保贷款由创业担保贷款担保基金提供担保，由财政部给予贴息，用于支持重点就业群体创业就业。

创业担保贷款政策具有门槛低、享贴息、利率低、费用省、免除反担保的特点，创业者可以通过创业担保贷款来解决融资难题，申请创业担保贷款需要满足两个基本条件。

①属于重点就业群体：城镇登记失业人员、就业困难人员（含残疾人）、复员转业退役军人、刑满释放人员、高校毕业生（含大学生村官和留学回国学生）、化解过剩产能企业职工和失业人员、返乡创业农民工、网络商户、建档立卡贫困人口、农村自主创业农民。

②除助学贷款、扶贫贷款、住房贷款、购车贷款、5.00 万元以下小额贷款（含信用卡消费）以外，申请人提交创业担保贷款申请时，本人及其配偶没有其他贷款。

除重点就业群体外，小微企业也可以申请创业担保贷款，其申请条件有 3 条。

①属于《统计上大中小微型企业划分办法（2017）》（国统字〔2017〕213 号）规定的小型、微型企业。

②当年新招用符合创业担保贷款申请条件的人数达到企业现有在职职工人数 15%（超过 100 人的企业达到 8%），并与其签订一年以上劳动合同。

③无拖欠职工工资、欠缴社会保险费等严重违法违规信用记录。

创业担保贷款需向当地人力资源社会保障部门提出申请，因此，创业者可通过人力资源社会保障部门了解贷款条件、贷款额度、资格认定细则、需要提交的资料等。

◆ 风险投资

风险投资简称风投，他们向初创公司提供资金支持，并获得该公司的股权，是股权投资的一种形式。目前，市场上有很多风险投资机构，他们主要向计划期、初创期公司提供资金。现如今，风险投资已成为不少创业者追逐的一种筹资方式。

创业者与风投是双向选择的过程，创业者需要考察风投是否靠谱，而风投也会对投资项目进行评判。要想获得风投的青睐，创业者需向投资人展现自己的优势，只有得到风投认可后，才能进入谈判估值阶段。

1.2.3 合伙人出资的形式

找到共同创业的人后，还要明确合伙人（指共同创业的人）或投资人的出资形式。有限责任公司应在公司章程中载明股东的出资方式、出资额和出资时间。对于股东的出资方式，《公司法》第二十七条有以下规定：

> 股东可以用货币出资，也可以用实物、知识产权、土地使用权等可以用货币估价并可以依法转让的非货币财产作价出资；但是，法律、行政法规规定不得作为出资的财产除外。
>
> 对作为出资的非货币财产应当评估作价，核实财产，不得高估或者低估作价。法律、行政法规对评估作价有规定的，从其规定。

有限责任公司成立后，应当向股东签发出资证明书。出资证明书是记载股东出资的法律文书，用以证明股东已履行了出资义务。这里需要注意，出资证明书要在公司成立后才能签发，出资证明书应当载明下列事项。

①公司名称。

②公司成立日期。

③公司注册资本。

④股东的姓名或者名称、缴纳的出资额和出资日期。

⑤出资证明书的编号和核发日期。

如果创业者设立的是普通合伙企业，那么合伙人可以在合伙协议中约定出资方式、数额和缴付期限。

合伙企业的合伙人可以用货币、实物、知识产权、土地使用权或者其他财产权利出资，也可以用劳务出资。以实物、知识产权、土地使用权或者其他财产权利出资，需要评估作价的，可以由全体合伙人协商确定，也可以由全体合伙人委托法定评估机构评估。

需要注意，有限合伙企业的合伙人可以用货币、实物、知识产权、土地使用权或者其他财产权利作价出资，不得以劳务出资。

总的来看，合伙人或投资人的出资方式主要有两种，货币和非货币财产。货币通常指法定货币，非货币财产有实物、知识产权、土地使用权和劳务。

- **实物出资**：以实物出资，要保证实物确是公司所需要的，否则这种出资无意义。另外，实物应该可以估计，能够依法转让，未设担保，否则该实物不能作为出资。

- **知识产权**：知识产权包括专利权、商标权等，能够用于出资的知识产权应符合确定性、现存性、可评估性和可转让性4个要件，即知识产权不能是抽象的概念，是已经依法获得的，且能够评估和依法转让。

- **土地使用权**：是土地使用权的出资，出资的土地使用权应是国有土地的使用权，只能是出让土地的使用权，而不能是划拨土地的使用权。

- **劳务出资**：普通合伙企业可以以劳务出资，即以精神上或身体上的劳务作为出资。在现实中，劳务出资人一般具有特定的专长，或者其能力是经营所必需的，才会同意出资人以劳务形式出资。

1.2.4　股权分配规则尽早落地

股权指股东的权利，股权分配是早期创业公司都会遇到的问题。有的创业公司在创业初期不会考虑股权分配问题，认为大家埋头一起拼即可，等到公司有了盈利再考虑股权分配、退出等。这样的做法会带来很多问题，甚至为公司埋下隐患，如利益分配纠纷、无法解决创始人中途退出问题、股权转让争议等。

股权分配和退出机制应在创业早期就设计好，创始人要结合公司实际情况来分配股权。设计股权结构时，要考虑到方便后期融资、引进人才和员工激励等，下面来看一个股权分配的案例。

实务案例 创业早期股东股权分配

甲乙丙三人共同出资创立一个公司，前期预估的启动资金为 1 000.00 万元。其中，甲出资 500.00 万元，乙出资 300.00 万元，丙出资 200.00 万元，三人约定股权分配结构见表 1-2。

表 1-2　股权分配结构表

股东名单	股权类型	份数	股权比例	职务
甲	普通股	5 000 000	50%	管理
乙	普通股	3 000 000	30%	财务
丙	普通股	2 000 000	20%	技术
合计		10 000 000	100%	

公司经营一段时间后，获得了天使投资人青睐。投资人表示愿意提供 150.00 万元融资，获得 15% 的股权，为了避免股权被稀释，投资人要求团队在资金进入前预留 10% 的期权池，用于执行员工持股计划。在投资进入前，公司的股权结构见表 1-3。

表 1-3　投资进入前股权结构表

股东名单	股权类型	份数	股权比例
甲	普通股	5 000 000	45%
乙	普通股	3 000 000	27%
丙	普通股	2 000 000	18%
员工持股	普通股	1 111 111	10%
合计		11 111 111	100%

投资人资金进入后，公司的股权结构见表 1-4。

表 1-4　投资进入后股权结构表

股东名单	股权类型	份数	股权比例
甲	普通股	5 000 000	38.25%
乙	普通股	3 000 000	22.95%
丙	普通股	2 000 000	15.3%
员工持股	普通股	1 111 111	8.5%
投资人	优先股	1 960 784.31	15%
合计		13 071 895.31	100%

上述案例展示了创业公司股权分配的过程，现实中，如果有投资机构准备进入公司，一般也会要求创始人团队在投资资金正式进入前，预留一部分股权作为期权池，其目的是避免后期实施股权激励时，稀释投资人的股权占比。期权池一般在创始人团队确定好股权比例后，同比例让渡原始股东的股权。可以看到，期权池会稀释创始人的股权，但是从公司长远发展来考虑，期权池又是必要的，未来可用于引进核心人才，弥补现有创始团队的不足。

早期股权分配时，要注意避免均分股权。均分股权指根据创始人团队的人数来平均分配股权，如 50%∶50%、33%∶33%∶34%、25%∶25%∶25%∶25%，这样的股权结构看似很平稳，却极不稳定，很容易导致决策问题，如果团队成员出现争执，那么到底听谁的呢?

股权分配时要保证核心创始人的控制权，假设公司有 3 个原始股东，可按照 6∶3∶1 或 7∶2∶1 的比例分配股权，遵循 1 > 2+3 的原则，即大股东股权比例 > 二股东股权比例 + 三股东股权比例。

知识贴士 股权融资估值的问题

在实际中，引入新的投资人，无论该投资人是否为风投，都会涉及公司估值问题，估值是投资人用多少钱换取多少股权的依据。如果投资人投资 100 万元，投资后估值 1 000 万元，那么投资人获得 10% 的股权。

1.3 选好公司的办公场所

办公场所对公司经营发展来说非常重要，对员工通勤、客户开发、公司未来发展都会产生影响。一个合适的办公场所无疑是有利于公司发展的，下面就来看看新公司要如何选择合适的办公地址。

1.3.1 选择新公司注册地址

注册地址是登记在营业执照上的"住址"，一般也指住所。《中华人民共和国公司登记管理条例》（以下简称《公司登记管理条例》）规定：公司的住所是公司主要办事机构所在地。经公司登记机关登记的公司住所只能有一个。公司的住所应当在其公司登记机关辖区内。图 1-4 为某企业营业执照信息，可以看到关于住所的具体地址。

┃营业执照信息

· 统一社会信用代码： ▓▓▓▓▓▓▓▓▓▓▓▓▓	· 企业名称： ▓▓▓▓ 投资股份有限公司
· 注册号： ▓▓▓▓▓▓▓▓▓▓▓	· 法定代表人： ▓▓▓▓
· 类型： 股份有限公司(非上市、自然人投资或控股)	· 成立日期： 2001年04月19日
· 注册资本： 1028.000000万人民币	· 核准日期： 2018年12月06日
· 营业期限自： 2001年04月19日	· 营业期限至： 2031年04月18日
· 登记机关： 宁波市市场监督管理局	· 登记状态： 存续
· 住所： 浙江省宁波市北仑区▓▓▓▓▓▓▓▓▓▓▓▓	

· 经营范围： 实业投资，咨询服务，自有房屋出租；金属材料、金属制品的批发、零售；自营和代理各类货物和技术的进出口，但国家限定经营或禁止进出口的货物和技术除外。（未经金融等监管部门批准不得从事吸收存款、融资担保、代客理财、向社会公众集（融）资等金融业务）。（依法须经批准的项目，经相关部门批准后方可开展经营活动）

图 1-4 某公司营业执照信息

这一住所是确定税收的重要依据，也是确定诉讼管辖的依据。住所地可以变更，但是要在迁入新住所前申请变更登记，并提交新住所使用证明。公司变更住所跨公司登记机关辖区的，应当在迁入新住所前向迁入地公司登记机关申请变更登记。迁入地公司登记机关受理的，由原公司登记机关将公司登记档案移送迁入地公司登记机关。对新创立的公司来说，最好在初期就选定好住所地，避免变更的麻烦。

在实际经营中，可能会出现住所地变更了，但是没有申请变更登记的情形。未及时变更住所地，会面临以下风险。

①未按照《公司登记管理条例》办理有关变更登记的，由公司登记机关责令限期登记；逾期不登记的，处以1万元以上10万元以下的罚款。

②根据《企业法人登记管理条例施行细则》，擅自改变主要登记事项，不按规定办理变更登记的，予以警告，没收非法所得，处以非法所得额3倍以下的罚款，但最高不超过3万元，没有非法所得的，处以1万元以下的罚款，并限期办理变更登记；逾期不办理的，责令停业整顿或者扣缴营业执照；情节严重的，吊销营业执照。

不同地区对注册地址的要求有所不同，具体可通过当地工商局了解。以北京为例，要求市场主体应当使用真实、合法、安全的非住宅类规划用途的建筑物作为住所，并对住所的真实性、合法性、安全性负责。住宅不能作为企业住所进行登记注册。

虽然《公司法》规定公司的经营地址要与注册地址一致，但是，目前很多地方允许公司注册地址和实际经营地址不同，以北京为例，《北京市优化营商环境条例》规定：

（五）市场主体可以在登记住所以外的场所开展生产经营活动，但是应当通过企业信用信息系统自行公示实际生产经营场所的地址。

因此，在实际经营中可能会出现登记住所与实际经营场所不同的情况。日常生活中，人们也常将公司住所称为经营场所，但在实际注册登记时要明确住所的含义和作用。

1.3.2　租赁办公室和经营场所

创业初期由于资金有限，大多数情况下都会租赁办公室或经营场所来开展经营活动。对初创公司而言，办公场所主要有两个重要作用，一是员工日常办公使用，二是用于接待客户。在选择办公场所时，要充分考虑公司需求，初创期由于资金比较紧张，因此，不一定要租赁很高端、豪华的办公场所，可从实用性的角度来选址。具体租赁时，要考虑以下几个因素：

◆　空间大小

创业初期要计算好公司的规模大小，根据公司规模、需求情况来确定大概需要多大的办公室，比如有的公司只需要员工集中工作区、独立办公室即可，而有的公司由于需要经常接待客户进行合作洽谈，则需要前台、开放式工作区、洽谈区、会议室和总经理室等。明确公司的规模和必要的功能区，能够更合理地选择大小合适的办公场所。

◆　位置

位置也是选择办公场所时需要重点考量的一个因素，位置会影响后期的员工招聘和客户拓展。从企业长远发展的角度来考虑，应尽量选择交通便利的区域。公司的办公场所不一定要在核心商业区，但交通是否便利一定要考虑到，如果交通不便利，也会限制访客的来访。

另外，位置在一定程度上也决定了市场，对于餐饮店、零售店这样的线下商铺来说更是如此。选择办公场所时，要考虑所在区域是否有目标客户、周边是否有稳定的客流、区域的商业氛围是否适合公司业务的开展，客流量和购买力都会影响公司的业务量。

◆ 价格

选择办公场所还要考虑成本，有的地方人流量大、交通设施完善，但是价格很高。办公场所租赁费用的高低会直接影响公司的运营成本，公司的长期经营不得不考虑运营成本。可以根据资金预算、公司发展需求来选择租赁价格合适的办公场所。

一般来说，核心商业区的写字楼、高档商务办公楼的租赁价格都不会很低。如果资金预算有限，也可以选择经济实惠一点的办公场所，如联合办公空间、较旧的商务写字楼等，但要确保所租赁的办公场所能满足公司经营的需要。另外，也可以选择有优惠政策支持的孵化园或创业园，如下所示为某电子商务产业孵化中心专项优惠政策部分内容。

（一）房租减免扶持

1. 电商企业。办公场地前两年内的租金全免；3 ~ 5 年减免 50%；仓储用地实行租金免 1 年，2 ~ 3 年减免 70%，4 ~ 5 年减免 50%。

2. 创业个体。免费提供公共办公场所、小型仓储用地及电脑、网络设施。

3. 物流企业。实行 2 年内减免 70%，3 ~ 4 年减免 50% 的仓库租金，第 5 年减免 30% 租金。按每个企业减免 2 年 50 个平方米办公场所租金。

4. 配套企业。办公场地前两年内的租金全免；3 ~ 5 年减免 30%。

5. 公共设施。商务洽谈室、培训教室、会议室等园区配套公共服务设施，

5 年内免费使用。

（二）奖励补助

1. 创业补贴。对新成立的电子商务公司网络销售额（年度内）达 50 万元以上的给予一次性补贴 3 万元；对新开网店的且满 1 年的个体创业者给予 5 000 元创业补贴。

2. 物流包装补贴。对入驻园区的营销主体给予物流补贴，前 2 年按实际发货量每单补贴 2 元，每个企业每年补贴最高不超过 3 万元；对规范制作并提供鲜活农产品"×××"品牌包装的，前 2 年根据规格大小分别给予每件 1 元、2 元的包装补贴，每个每年包装补贴最高不超过 3 万元。

3. 网络营销奖励。入驻园区主体通过电子商务形式实现线上农产品年销售收入首次突破 500 万元、1 000 万元、2 000 万元的，分别给予一次性奖励 10 万元、20 万元、30 万元。

对电子商务初创公司来说，以上优惠政策能够帮助公司减轻费用，推动公司更好地发展。创业者可以根据业务类型来选择适合的孵化园或创业园，并了解自己是否满足政策优惠的条件。

在租赁办公场所前，创业者可以先在网上租赁平台了解不同区域办公室租赁的大致价格，以便在租赁时可以更好地进行议价。

◆ 配套及服务设施

周边配套是指交通、餐饮、住宿、商业以及经营所需的针对性设施等，选择公司的办公场所也要考虑该区域的配套情况。服务设施是指与公司办公密切相关的软硬件设施，如供电、宽带、电梯、门禁和新风系统等。

无论是租赁熟人的房屋，还是向物业租赁写字楼，都要签订租赁合同。签订租赁合同时，要注意以下事项。

①审查出租方出租房屋的合法性，查明出租人身份，了解签合同的人

是房东、代理人还是转租人。

②在租赁合同中要约定好租赁期限、价格、违约责任等条款，明确水电费、物业费等费用标准。

③针对租赁过程中有可能产生的争议，也要在租赁合同中约定解决争议的方法。

1.3.3 公司办公设备的采购

租赁好办公场所后还要采购办公所需的设备，如办公桌椅、电脑、复印机和饮水机等。办公设备应遵循按需购买的原则，根据公司经营所需来合理选购。购买前先列好办公设备采购清单，明确需要的办公设备种类、数量以及预算费用，然后按重要程度逐一采购，已采购的设备在对应的表格中打√，避免重复采购，办公设备采购清单见表1-5。

表1-5 办公设备采购清单

序号	设备名称	单位	数量	单价	预算费用	实际费用	是否完成	备注
1								
2								
3								
4								
5								
6								
合计								
备注：已完成采购的设备在"是否完成"栏中打√，未采购的设备打×，并在"备注"栏中说明原因。								

在前期投入中，办公设备会花费较高的启动资金，要把这笔钱花在刀

刃上。不同的设备其选购要点会有区别，这里以常用的办公设备为例，来看看如何选购。

◆ 办公桌椅

办公桌椅是员工办公必不可少的，办公桌椅的舒适度会影响员工工作的效率。因此，在选择办公桌椅时应首先考虑舒适度，其次，要考虑办公桌椅与办公室整体装修风格是否匹配，以让办公空间看起来美观舒服为宜。

办公桌的形状有直条型、L型等形状，主要根据办公室空间布局来选择，可购买成品或者根据需要定制，办公椅要与办公桌相搭配，一般可以配套购买。会议室根据空间大小来选择合适的桌椅，如课桌座位式桌椅、椭圆形会议桌椅、长方形会议桌椅等。

◆ 电脑

现代办公基本上都需要电脑，电脑按工作需求购买，有的公司对电脑的配置要求较高，比如平面设计、视频编辑等，对于此类工作，如果电脑配置过低会严重影响工作效率。如果工作上对电脑的配置没有太多的要求，则尽量选性价比高的电脑，或者在预算内选择。

◆ 打印设备

印制公司的合同、内部资料都需要用到打印设备，打印设备有单功能和多功能的，多功能打印设备融合了打印、复印、扫描、传真等功能。如果公司除了打印外，还有复印、扫描等需求，则可以考虑多功能一体机。如果用途单一，则选择单功能打印机即可。

对于初创公司来说，打印的需求量可能并不是很高，这时也可以选择去文印店打印资料，不购买打印机。如果会涉及机密资料，那么最好还是配置一台打印机。

◆ 文件柜

文件柜用于存放公司的资料，也具有一定的装饰作用。选择文件柜要考虑办公空间大小、文件柜尺寸以及功能需求。公司资料多，那么就要相应的选择大文件柜，反之，可以选择小尺寸文件柜。文件柜会占据一定的办公空间，这一空间要提前留好并量好尺寸，避免采购回来的文件柜太大，放不下。有的公司还会将文件柜作为隔断设计，节省空间。

除以上一些设备外，公司还可能需要打卡机、碎纸机、投影仪以及其他办公耗材，如订书机、文件夹、一次性纸杯等，这些根据需要采购即可。

知识贴士 租赁办公设备要注意的问题

办公设备是一笔不小的开支，考虑到资金问题，新创公司也可以选择租赁办公设备，这种方式可以在前期节省一大笔开支。租赁办公设备同样要考虑公司的具体需求，应尽量避免租赁浪费。租赁前先定好租赁计划，然后按需租赁。其次就是选择一个可靠的租赁平台，了解平台的信誉度、资质、服务质量、报价等，货比三家后再敲定最终合作的平台。签订租赁合同时要注意押金、租赁费用、付款方式和验收方式等条款的约定。

1.4 事先约定合伙人退出机制

公司经营一段时间后，有的创始合伙人可能会因为各种原因退出、离开。针对这种情形，要提前制定好退出机制。如果没有明确的退出机制，很容易因股权问题产生纠纷，部分创始人还会在离职后坚决不退股，对公司经营产生较大影响。

1.4.1 如何处理股权退出问题

股权退出机制应该在分配股权时就约定好，明确退出情形、退出方式、价格等内容。创始人股权退出的常见方式有股权转让和股权回购。

（1）股权转让

股权转让是指退出的股东将自己的股东权益有偿转让给他人。对于股权转让，《公司法》有以下规定：

> 第七十一条 有限责任公司的股东之间可以相互转让其全部或者部分股权。
>
> 股东向股东以外的人转让股权，应当经其他股东过半数同意。股东应就其股权转让事项书面通知其他股东征求同意，其他股东自接到书面通知之日起满三十日未答复的，视为同意转让。其他股东半数以上不同意转让的，不同意的股东应当购买该转让的股权；不购买的，视为同意转让。
>
> 经股东同意转让的股权，在同等条件下，其他股东有优先购买权。两个以上股东主张行使优先购买权的，协商确定各自的购买比例；协商不成的，按照转让时各自的出资比例行使优先购买权。
>
> 公司章程对股权转让另有规定的，从其规定。
>
> 第七十二条 人民法院依照法律规定的强制执行程序转让股东的股权时，应当通知公司及全体股东，其他股东在同等条件下有优先购买权。其他股东自人民法院通知之日起满二十日不行使优先购买权的，视为放弃优先购买权。

转让股权后，原股东的出资证明书应当注销，并向新股东签发出资证明书。公司章程和股东名册中关于股东及其出资额的记载内容也要一并修改。

（2）股权回购

股权回购是指公司回购股东所持有的股权，《公司法》对有限公司的股权回购也有明确的规定：

第七十四条 有下列情形之一的，对股东会该项决议投反对票的股东可以请求公司按照合理的价格收购其股权。

（一）公司连续五年不向股东分配利润，而公司该五年连续盈利，并且符合本法规定的分配利润条件的。

（二）公司合并、分立、转让主要财产的。

（三）公司章程规定的营业期限届满或者章程规定的其他解散事由出现，股东会会议通过决议修改章程使公司存续的。

自股东会会议决议通过之日起六十日内，股东与公司不能达成股权收购协议的，股东可以自股东会会议决议通过之日起九十日内向人民法院提起诉讼。

上述规定明确了有限公司股东请求公司回购股权的法定情形。在实际确定股权回购退出机制时，可以依据退出原因来约定股权回购的价格。退出原因一般有 3 种，过错退出、无过错退出、僵局退出。

过错退出。股东因违法或严重违反公司章程的规定而退出，如遭受刑事处罚、泄露商业机密给公司造成重大损害等。股权的回购价格一般可为成本价、低于成本价或者是无偿。

无过错退出。一般指正常离职退出，对于无过错，因一些原因无法继续服务公司的股东而言，要以一个比较合理的价格回购其股权。比如以股权的成本价 × 溢价倍数；以出资金额 × 固定系数；根据公司估值来确定，用估值折扣价 × 股权比例等。

僵局退出。指公司陷入僵局时的股权退出，如经营管理发生严重困难、股东产生重大争议等。

为了避免股东退出公司时不同意公司回购股权，可以在股东协议中约定违约金条款。除股权转让、股权回购退出外，还有公司减资、解散公司、破产清算等退出方式。

1.4.2 合伙人存在异议如何处理

合伙人在共同创业的过程中难免会产生异议，有异议并不是坏事，重要的是要清楚如何处理异议。如果创业者设立合伙企业，那么根据《中华人民共和国合伙企业法》（以下简称《合伙企业法》）合伙人可以对他人执行事务提出异议：

> 第二十九条 合伙人分别执行合伙事务的，执行事务合伙人可以对其他合伙人执行的事务提出异议。提出异议时，应当暂停该项事务的执行。如果发生争议，依照本法第三十条规定作出决定。
>
> 受委托执行合伙事务的合伙人不按照合伙协议或者全体合伙人的决定执行事务的，其他合伙人可以决定撤销该委托。
>
> 第三十条 合伙人对合伙企业有关事项作出决议，按照合伙协议约定的表决办法办理。合伙协议未约定或者约定不明确的，实行合伙人一人一票并经全体合伙人过半数通过的表决办法。
>
> 本法对合伙企业的表决办法另有规定的，从其规定。

在实际中，合伙人主要会因为经营管理、投资、利益分配等问题产生分歧或矛盾，当分歧发生时，可参考以下几种处理方式。

（1）沟通协商

在与共同创业的合伙人产生矛盾冲突后，不要回避退让，而要积极化解，避免矛盾被进一步激化。双方可以先进行沟通协商，分析矛盾产生的原因，阐述自己的观点，并倾听对方的想法。在沟通中，如果存在疑虑，要及时询问对方，避免双方因理解不一致产生误解。

沟通协商的目的是达成共识，如果是比较小的、非原则性的分歧，也可以尝试站在对方的角度来考虑，适当地做出让步，而不是坚持己见。如果是关系到公司发展的一些分歧，则要与对方摆事实、讲道理，但在此之前应先了解对方的真实意图，找到分歧所在，这样才能更好地解决分歧。沟通对话也有一定技巧，比如先强调为公司发展的共同目标，再表达观点，如果你的观点是有根据、有道理的，通常都能得到对方的认可，矛盾也就自然化解了。

若双方在一次沟通协商中没有达成共识，还可以让合伙人中的第三人参与沟通协商，起到调解的作用。注意在沟通过程中要保持对他人的尊重，这样才不至于让沟通陷入僵局。

（2）求同存异

合伙人之间也可能因为价值观问题、工作习惯、行为方式等产生矛盾或分歧，面对这样的问题要善于接受对方的不同，可以采用求同存异的解决方法，不要试图短时间内改变他人的观念、行为习惯。只要双方还要继续合作，那么就不必在枝节问题上过于苛求，创业者应有接纳不同观点的度量。但在大事上仍要讲原则，而不是什么事情都迁就对方，即大事讲原则，小事会变通。

在处理矛盾和分歧时，应对事不对人，避免在个人情绪不佳的情况下处理矛盾，等自己冷静下来后再去解决，会更理性、客观。

（3）举手表决

如果矛盾演变为冲突，且该冲突无法有效化解时，可以让所有合伙人都坐下来讨论，按照合伙协议约定的表决办法办理。有限责任公司可通过股东会会议表决公司重大决策等事务，根据《公司法》规定，股东会可行使下列职权：

（一）决定公司的经营方针和投资计划。

（二）选举和更换非由职工代表担任的董事、监事，决定有关董事、监事的报酬事项。

（三）审议批准董事会的报告。

（四）审议批准监事会或者监事的报告。

（五）审议批准公司的年度财务预算方案、决算方案。

（六）审议批准公司的利润分配方案和弥补亏损方案。

（七）对公司增加或者减少注册资本作出决议。

（八）对发行公司债券作出决议。

（九）对公司合并、分立、解散、清算或者变更公司形式作出决议。

（十）修改公司章程。

（十一）公司章程规定的其他职权。

对前款所列事项股东以书面形式一致表示同意的，可以不召开股东会会议，直接作出决定，并由全体股东在决定文件上签名、盖章。

1.4.3　合伙协议与公司章程

设立合伙企业应有书面的合伙协议，合伙协议是明确合伙人权利与义务的法律文件。合伙协议经全体合伙人签名、盖章后生效，在签订合伙协议时，应在合伙协议中载明以下内容：

①合伙企业的名称和主要经营场所的地点；

②合伙目的和合伙经营范围；

③合伙人的姓名或者名称、住所；

④合伙人的出资方式、数额和缴付期限；

⑤利润分配、亏损分担方式；

⑥合伙事务的执行；

⑦入伙与退伙；

⑧争议解决办法；

⑨合伙企业的解散与清算；

⑩违约责任。

对于有限责任公司来说，可以在公司章程中明确股东之间的权利义务。公司章程是股东共同制定的，对公司、股东、董事、监事、高级管理人员都具有约束力。有限责任公司章程应当载明以下事项：

①公司名称和住所；

②公司经营范围；

③公司注册资本；

④股东的姓名或者名称；

⑤股东的出资方式、出资额和出资时间；

⑥公司的机构及其产生办法、职权、议事规则；

⑦公司法定代表人；

⑧股东会会议认为需要规定的其他事项。

实务答疑

问：从哪里寻找技术合伙人？

答：可以先从身边的朋友开始寻找，看看有没有技术顶尖人才，或者找朋友推荐懂技术的人才。另外，也可去其他公司"挖人"，或者参加招聘会、行业交流活动等，通过这些渠道认识技术人才，找到合适的技术合伙人。

问：投资人和合伙人有何不同？

答：投资人和合伙人一般都是公司的出资人，但是投资人并不一定会参与企业的经营活动，有的投资人为纯投资人，只投入资金却不参与经营。而合伙人则会与其他合伙人共同经营公司。

问：有限责任公司与有限合伙企业的区别？

答：①有限责任公司设立的法律规定是《公司法》，有限合伙企业设立的法律规定是《合伙企业法》。②有限责任公司由 50 个以下股东出资设立。有限合伙企业由 2 个以上 50 个以下合伙人设立，但是，法律另有规定的除外，有限合伙企业至少应当有一个普通合伙人。③出资方式上，有限合伙企业的普通合伙人可以用劳务出资，但有限责任公司的股东不能以劳务出资。④有限责任公司对注册资本有要求，有限合伙企业没有注册资本要求。⑤合伙企业的合伙人对企业债务承担无限连带责任，有限责任公司以其全部财产对公司的债务承担责任。⑥有限合伙企业的利润分配、亏损分担，按照合伙协议的约定办理；合伙协议未约定或者约定不明确的，由合伙人协商决定；协商不成的，由合伙人按照实缴出资比例分配、分担；无法确定出资比例的，由合伙人平均分配、分担。有限责任公司股东按照实缴的出资比例分取红利；公司新增资本时，股东有权优先按照实缴的出资比例认缴出资。但是，全体股东约定不按照出资比例分取红利或者不按照出资比例优先认缴出资的除外。

问：实际出资的非货币财产不足额，怎么处理？

答：有限责任公司成立后，发现作为设立公司出资的非货币财产的实际价额显著低于公司章程所定价额的，应当由交付该出资的股东补足其差额；公司设立时的其他股东承担连带责任。

第2章

新公司注册登记流程和事项

　　做好新公司成立前的策划和准备工作后，创业者可以开始着手办理公司注册登记事宜。注册登记后才能进行合法经营，本章将以有限责任公司的设立为例，来看看新公司注册登记的办理流程和内容。在这一过程中，也有很多要点需要创业者注意。

2.1　新公司注册知多少

设立公司应当依法向公司登记机关申请设立登记，这是《公司法》中的明文规定。那么注册成立一家新公司需要准备哪些材料？具体流程又是什么呢？下面具体来看看。

2.1.1　注册公司需要准备的材料

前面介绍了公司设立的条件，在确认满足注册公司的条件后，就可以准备所需材料了。注册公司需要提供的基本材料包括以下一些。

- 公司登记（备案）申请书。
- 公司章程。
- 股东或发起人的主体资格证明或自然人身份证明复印件。
- 法定代表人、董事、监事和经理的任职文件。
- 住所（经营场所）合法使用文件。
- 涉及企业名称预先核准的，提交"企业名称预先核准通知书"。

其中，公司登记（备案）申请书可以在当地提供的在线政务服务平台上下载或者到服务窗口领取。公司章程由申请人自备，公司章程由全体股东共同签署，其中自然人股东亲笔签字，法人股东法定代表人签字并加盖公章。

股东资格证件分两种情况，股东或发起人为自然人的，提交身份证件复印件；股东或发起人为企业的，提交加盖公章的营业执照。针对法定代表人、董事、监事和经理的任职文件，在公司登记（备案）申请书中的"法定代表人信息表""董事、监事、经理信息表"页签署确认任职信息的，一般可免于提交此文件。

住所（经营场所）合法使用文件是指住所的使用证明，股东或发起人自有房产作为住所的，提交房屋产权证明复印件和同意公司使用的文件。租赁房屋作为住所的，提交租赁协议和出租方的产权证明复印件。

在具体申请新公司设立登记时，还可能需要其他材料，比如在北京申请有限责任公司设立登记，还可能需要批准文件（许可证件）和告知承诺书。

批准文件。法律、行政法规和国务院决定规定设立公司必须报经批准的，或公司申请登记的经营范围中有法律、行政法规和国务院决定规定必须在登记前报经批准的项目，提交有关批准文件或者许可证件的复印件。

告知承诺书。以告知承诺制方式办理该事项的还需提交"北京市市场主体登记告知承诺制——出资人（法定代表人）承诺书"及"北京市市场主体告知承诺制登记——提交人承诺书"。

目前，很多地方都支持网上在线办理公司设立登记，申请人可进入政务服务平台查看是否支持网上在线办理。

实务案例 网上办理新公司设立登记

以北京为例，进入北京市政务服务网，在"办事直达"栏中单击"开办企业"超链接，如图2-1所示。

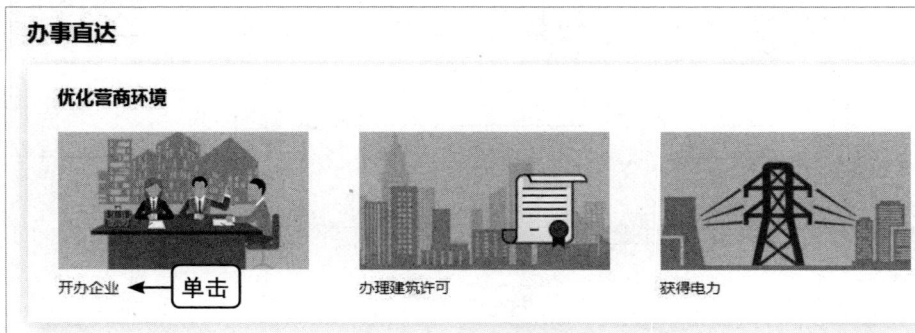

图2-1　进入北京市政务服务网

进入企业登记 e 窗通平台，在"业务办理"窗口单击"个人服务"按钮，如图 2-2 所示。

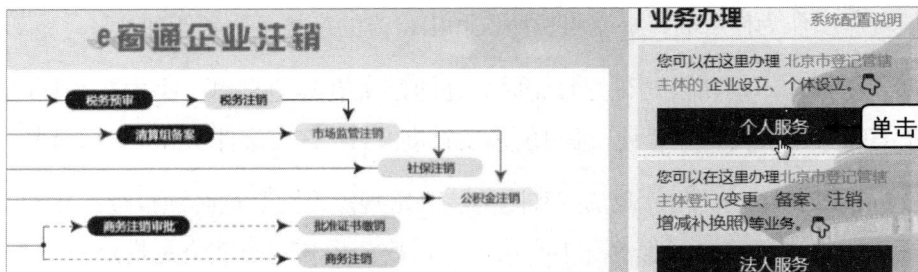

图 2-2　进入企业登记 e 窗通平台

然后根据页面提示注册或登录账号（持北京通账号可直接登录），按照操作指引填写并提交资料，完成新公司的设立登记。

申请人如果不方便通过网上渠道申请，也可以到窗口办理，办理新公司设立登记的大致流程，如图 2-3 所示。

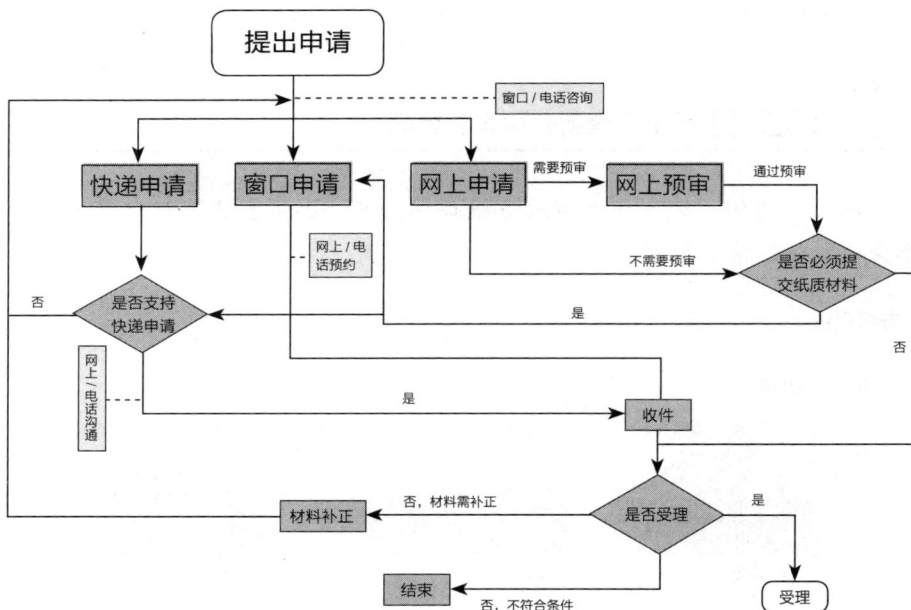

图 2-3　新公司设立登记流程

📎 **知识贴士** 合伙企业设立登记准备的材料

合伙企业设立登记需要准备的材料有：①合伙企业登记（备案）申请书；②全体合伙人的主体资格证明或自然人身份证明；③全体合伙人共同签署的合伙协议；④全体合伙人对各合伙人认缴或者实际缴付出资的确认书；⑤住所（经营场所）合法使用文件；⑥涉及企业名称预先核准的，提交"企业名称预先核准通知书"；⑦法律、行政法规和国务院决定规定在登记前须报经批准的或申请登记的经营范围中有法律、行政法规和国务院决定规定须在登记前报经批准的项目，提交有关批准文件或者许可证件的复印件；⑧法律、行政法规规定设立特殊的普通合伙企业需要提交合伙人的职业资格证明的，提交相应证明复印件。

2.1.2　注册公司前的名称申报

在提出新公司设立登记申请前，要先进行公司名称申报。过去办理公司名称申报一般要先在窗口或网上办理预先核名，待核名通过后才能办理公司登记注册，现在很多地方都免去了预先核准环节，支持名称 + 设立登记一并办理或者名称网上自主申报。当然，也可以先申报公司名称，之后再办理设立登记。

申请人可进入政务服务平台或者工商局官网进行"企业名称自助申报"，或者在申请注册登记时，按照网上系统的提示进行名称申报（一般在办理设立申请时，没有申报名称的，会要求先申报名称；已申报名称的，可继续办理设立登记，具体以申请页面指引操作为准）。

📌 **实务案例** 网上自主申报企业名称

这里以上海为例，来看看如何办理名称自主申报。进入上海一网通办，在首页单击"政务服务"超链接，如图2-4所示。

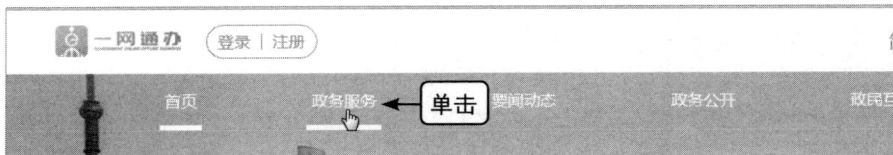

图 2-4　进入上海一网通办

在打开的页面中的"优化营商环境"栏单击"开办企业'一窗通'"超链接，在"其他优化服务"栏中单击"办理名称自主申报"超链接，然后根据页面提示操作，如图 2-5 所示。

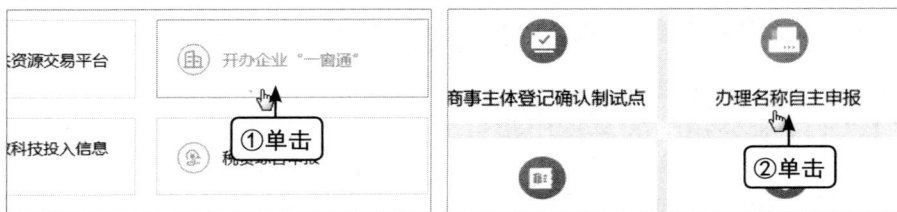

图 2-5　办理名称自主申报

2.1.3　向登记机关申请设立的登记事项

准备好相关材料后，申请人可以根据自身情况选择合适的申请方式进行公司设立登记，公司的登记事项包括名称、住所、法定代表人姓名、注册资本、公司类型、经营范围、营业期限、有限责任公司股东或者股份有限公司发起人的姓名或者名称。在提出申请前，要明确各登记事项的具体含义。

（1）名称

公司必须要有一个名字，在进行设立申请时，也会要求确定公司的名称。公司只能使用一个名称，经公司登记机关核准登记的公司名称受法律保护。为公司取名，要注意名称的规范性，为了以防万一，可以在取名时多取几个备用名字，避免重名问题。那么要如何为公司起名呢？首先要明确公司名称的组成形式，公司名称由行政区划＋字号＋行业＋组织形式组成。

行政区划。是公司所在地的县级以上地方行政区划名称，如"四川""宜宾""四川宜宾""宜宾市翠屏区"，市辖区名称在企业名称中使用时应当同时冠以其所属的设区的市的行政区划名称。开发区、垦区等区域名称在企业名称中使用时应当与行政区划名称连用，不得单独使用。

字号。是公司的一种标识，用于区分不同的公司。公司字号可以是字、词或其组合，应当由两个以上汉字组成，县级以上地方行政区划名称、行业或者经营特点不得作为字号，另有含义的除外。公司字号应有一定的区别性和显著性，根据公司设立的目的，还可表达不同的含义，如公司的某一理念。

行业。根据公司所从事的产品和提供的服务来确定，参照公司的主营业务和新版《国民经济行业分类》标准。新版《国民经济行业分类》标准中没有规定的，可以参照行业习惯或者专业文献等表述，如"传媒""商贸"等。

组织形式。指公司的组织结构或者责任形式，组织形式为公司名称的后缀，如"有限责任公司""股份有限公司"。

（2）住所

公司住所要是合规的地址，应当在公司登记机关辖区内，公司章程中也要载明住所。从前面的内容可以知道，注册公司要提交住所（经营场所）合法使用文件，这里的使用文件一般应为产权人签字或盖章的房产证复印件，产权人为自然人的应亲笔签字，产权人为单位的应加盖公章。

（3）法定代表人名称

法定代表人简称法人代表，法定代表人姓名会载明在公司营业执照里。公司法定代表人依照公司章程的规定，由董事长、执行董事或者经理担任，并依法登记。公司法定代表人变更，应当办理变更登记。需要注意，法定代表人只能是一人。

（4）注册资本

目前，注册资本已从实缴登记制改为认缴登记制，根据《公司法》《公司注册资本登记管理规定》，对注册资本有以下规定：

> 有限责任公司的注册资本为在公司登记机关依法登记的全体股东认缴的出资额。
>
> 股份有限公司采取发起设立方式设立的，注册资本为在公司登记机关依法登记的全体发起人认购的股本总额。
>
> 股份有限公司采取募集设立方式设立的，注册资本为在公司登记机关依法登记的实收股本总额。
>
> 法律、行政法规以及国务院决定规定公司注册资本实行实缴的，注册资本为股东或者发起人实缴的出资额或者实收股本总额。

（5）公司类型

公司类型分为有限责任公司和股份有限公司两种，一人有限责任公司应当在公司登记中注明自然人独资或者法人独资。在网上填报公司类型信息时，一般会有提示，如显示"有限责任公司（自然人独资或控股）""有限责任公司（自然人独资）""其他有限责任公司"等，具体以页面实际显示为主。其中自然人独资指股东仅为一个自然人的，法人独资指股东仅有一个企业或组织的。股东中没有自然人的，选择"其他有限责任公司"。

（6）经营范围

经营范围指企业从事经营活动的业务范围，参照新版《国民经济行业分类》有关规定和公司章程填写。如计算机软硬件技术开发、销售、技术咨询、技术服务、技术转让；经营电子商务业务；网页设计；企业管理咨询等。

（7）营业期限

营业期限指公司存续的有效时间，分为有期限和无期限两种。在公司登记（备案）申请书中，或网上填报页面，会有"长期经营""××年"两种选项，一般选长期经营，以免以后还要续期。公司登记（备案）申请书中关于营业期限填写的内容，如图2-6所示。

□设立（仅限设立登记填写）				
法定代表人姓　　名		公司类型	□有限责任公司　　□股份有限公司 □外资有限责任公司　□外资股份有限公司 □港澳台有限责任公司 □港澳台股份有限公司	
注册资本		万元	（币种：□人民币	□其他＿＿＿＿＿）
设立方式（股份公司填写）	□发起设立 □募集设立	营业期限/经营期限	□长期	□＿＿＿＿年
申领执照	□申领纸质执照　其中：副本＿＿＿个 （电子执照系统自动生成，纸质执照自行勾选）			

图 2-6　公司登记（备案）申请书的部分内容

（8）有限责任公司股东或者股份有限公司发起人的姓名或者名称

有限责任公司的股东以其认缴的出资额为限对公司承担责任，在公司章程中，也需要载明股东的姓名或者名称。股东可能为自然人股东，也可能是非自然人股东。

📎 **知识贴士** 股份有限公司的发起人

股份有限公司有发起设立和募集设立两种设立方式，设立股份有限公司，应当有2人以上200人以下为发起人，其中须有半数以上的发起人在中国境内有住所。发起人应当签订发起人协议，明确各自在公司设立过程中的权利和义务。申请设立登记时，要报送发起人的法人资格证明或者自然人身份证明文件。

向所属登记机关提交登记材料后，登记机关会进行审核，若申请材料齐全、符合法定形式、条件、标准，会通过审查，登记机关会作出准予行政许可决定，为申请人颁证。申请人可通过窗口领取营业执照、营业执照（副本），或者在网站上自主下载，以邮寄方式送达。登记机关进行材料审核是需要时日的，在此期间，申请人可通过政务服务平台查看登记进度。

2.1.4 填写和提交注册申请资料

提交的申请材料若不齐全、不符合法定形式、条件和标准，是无法通过审查的，因此，在填写和提交公司设立申请材料时就要注意内容填报的准确性，按规范填写和提交。

（1）公司登记（备案）申请书

公司登记（备案）申请书要以 A4 纸打印，使用黑色墨水钢笔或签字笔填写、签署，提交前注意检查一下内容。

- 申请书页数是否齐全、填报内容是否有遗漏。

- 申请书填写内容是否存在明显文字错误。

- 申请书是否有法定代表人亲笔签字，经营范围页填写符合现行审批规定，住所证明页签章产权人签字（盖章）是否完备且符合法律规定。

- 申请人所填身份证号码与身份证是否一致且在有效期内。

- 法定代表人及自然人股东是否完成身份认证。

- 任职人员、投资人、联系人、财务负责人身份证明是否粘贴完整。

（2）公司章程

公司章程涉及的内容较多，包括公司名称，住所，经营范围，股东的出资方式、出资额和出资时间等，提交时要提交原件，注意检查一下内容。

- 章程中记载的名称、住所、经营范围、注册资本、股东的姓名或者名称、经营期限是否与申请表中填报内容一致，是否记载股东的出资方式、出资额和出资时间。

- 章程中董事会、监事会人数与申请表填报的人数是否一致。

- 章程是否由全体股东签名、盖章（自然人股东签字、法人股东加盖公章）。

- 章程是否是原件。

（3）股东资格证件

股东资格证件分自然人股东和企业法人股东，主要需检查股东资格是否符合相关规定，以及提交的股东资格证明是否符合法定形式。注意合伙企业、个人独资企业不能成为一人有限公司股东，自然人只能投资设立一个一人有限公司。

（4）法定代表人、董事、监事和经理的任职文件

注意检查法定代表人、董事、监事、经理信息是否填写准确，可在申请书中的"法定代表人信息表""董事、监事、经理信息表"页签署确认任职信息，表 2-1 为法定代表人、董事、监事、经理信息表（示例）。

表 2-1　法定代表人、执行董事、经理、监事信息表

姓名	国别	证件类型	证件号码	职务信息		法定代表人信息
				职务	产生方式	
××	××	×××	×××	执行董事	选举	职务 □董事长　□执行董事　□经理 移动电话_____ 固定电话_____ 电子邮箱_____ 住所_____
××	××	×××	×××	经理	聘任	
××	××	×××	×××	监事	选举	
全体股东签字（盖章）： （仅限设立时签署）						

设立时盖章或签字视为对下列人员职务的确认，也可以单独提交人员任职文件。"职务"指董事长（执行董事）、副董事长、董事、监事会主席、监事、经理。上市股份有限公司设置独立董事的应在"职务"栏内注明。法定代表人应为董事长（执行董事）或经理。"产生方式"按照章程规定填写，董事、监事一般应为"选举"或"委派"；经理一般应为"聘任"。

"全体股东盖章（签字）"处，股东为自然人的，由股东亲笔签字；股东为非自然人的，法定代表人亲笔签字并加盖股东单位公章。

（5）住所（经营场所）合法使用文件

提交住所使用证明时，主要检查提供的住所使用证明是否符合现行住所政策要求，以及公司登记（备案）申请书上填写的住所是否与住所证明记载的一致。一般来说，住所与公司的生产经营地址是一致的，填写时要具体到某某路某某号几单元几室，如北京市×××区×××路×××号（街）××室，见表2-2。

表 2-2　住所使用说明

名　称	×××科技有限公司
住　所	××省××市××区××路××号（街）××室（门牌号）
产权人证明	同意将上述地址提供给该企业使用。 产权人盖章（签字）： 　　　　　　年　月　日
需　要 证　明 情　况	上述住所产权人为_____，房屋用途为_____。特此证明。 证明单位公章： 证明单位负责人签字： 　　　　　　年　月　日

2.2　注册登记务必注意的要点

　　申请设立公司需要填写和提交的材料比较多，在这一过程中，还有很多要点需要申请人注意，下面来看看公司设立申请的常见误区。

2.2.1　新公司名称选择

　　名称对公司来说是极为重要的，公司名称相当于公司的形象代言人，好的名称对公司建立品牌、传播发展都是有利的。在选取公司名称时，要注意以下要点。

- 要符合相关法律法规的规定。
- 避免选取有误解、消极意义的字、词或组合，选择积极向上、能给人朝气的名称会更好。
- 不要使用名人名字、其他企业的驰名商标作为字号。
- 避免使用热门字、词，如丰、达等，这些字、词的重名率极高。
- 公司名称不建议太长，最好也不要使用生僻字，易读易写、便于记忆的名称更便于传播。
- 要符合行业属性或企业文化、理念，避免取与其他公司相似的名称，最好能体现公司的个性风格。

　　根据《企业名称登记管理规定》，企业名称不得有下列情形：损害国家尊严或者利益；损害社会公共利益或者妨碍社会公共秩序；使用或者变相使用政党、党政军机关、群团组织名称及其简称、特定称谓和部队番号；使用外国国家（地区）、国际组织名称及其通用简称、特定称谓；含有淫秽、色情、赌博、迷信、恐怖、暴力的内容；含有民族、种族、宗教、性别歧视的内容；违背公序良俗或者可能有其他不良影响；可能使公众受骗或者产生误解；法律、行政法规以及国家规定禁止的其他情形。

　　企业名称中的行政区划、行业、组织形式都属于共有要素，只有字号不同，这也体现了字号的重要性。要注意在同一企业登记机关，拟定的企业名称中的字号不得与下列同行业或者不使用行业、经营特点表述的企业名称中的字号相同。

　　①已经登记或者在保留期内的企业名称，有投资关系的除外。

　　②已经注销或者变更登记未满一年的原企业名称，有投资关系或者受让企业名称的除外。

　　③被撤销设立登记或者被撤销变更登记未满一年的原企业名称，有投资关系的除外。

　　在申请设立新公司时，会存在公司名称申报不成功的情况，这可能是因为公司重名或者涉及公序良俗等敏感内容，为提高公司名称申报的成功率，申报登记企业名称前，可以先进行公司名称自主预查，具体可使用网上政务服务平台提供的查询服务，下面以北京市企业服务 e 窗通平台为例，来看看如何查询。

实务案例 网上名称自主预查

　　进入北京市企业服务 e 窗通平台，在"便民服务"栏中点击"名称查询"超链接，如图 2-7 所示。

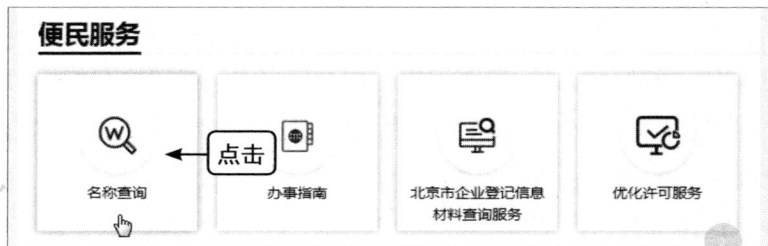

图 2-7　北京市企业服务 e 窗通平台

在打开的页面中输入名称字号、行业特点、验证码，选择主体类型、名称状态，单击"查询"按钮，如图2-8所示。

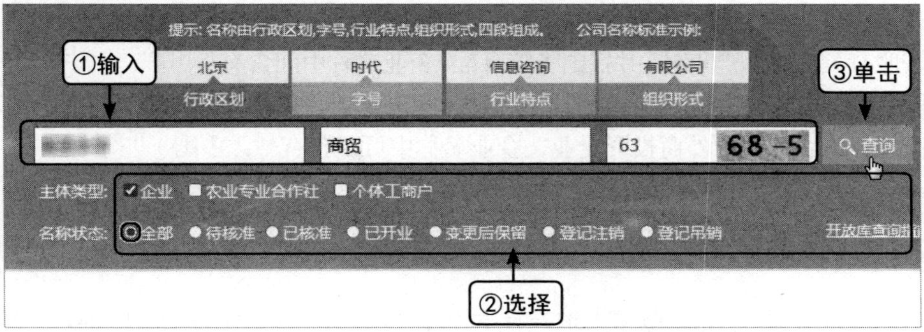

图2-8 企业名称查询

在页面下方会显示查询结果，包括企业名称、企业类型和名称状态等，如图2-9所示。

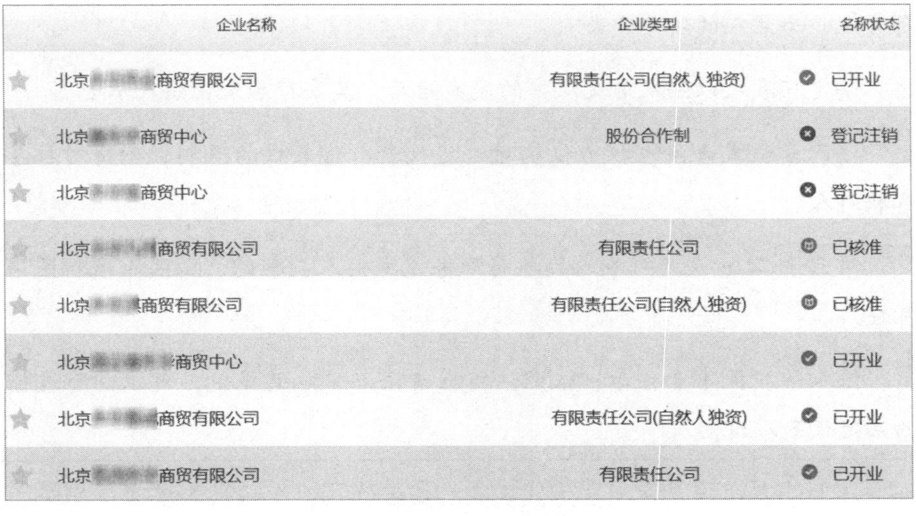

图2-9 查看查询结果

需要注意，以上查询结果仅供申请人参考，不能作为名称的核准依据。申请人应当自主判断登记后可能存在的侵权或争议风险。

知识贴士 企业名称需要报国务院批准的情况

企业名称冠以"中国""中华""中央""全国""国家"等字词，应当按照有关规定从严审核，并报国务院批准。企业名称中间含有"中国""中华""全国""国家"等字词的，该字词应当是行业限定语。使用外国投资者字号的外商独资或者控股的外商投资企业，企业名称中可以含有"（中国）"字样。

2.2.2　什么是公司的法定代表人

在注册新公司时会要求填写法定代表人信息，法定代表人并不是随意指定的，公司创始人团队应明确法定代表人含义。《中华人民共和国民法典》（以下简称《民法典》）中关于法定代表人有以下规定。

> 第六十一条 依照法律或者法人章程的规定，代表法人从事民事活动的负责人，为法人的法定代表人。
>
> 法定代表人以法人名义从事的民事活动，其法律后果由法人承受。
>
> 法人章程或者法人权力机构对法定代表人代表权的限制，不得对抗善意相对人。
>
> 第六十二条 法定代表人因执行职务造成他人损害的，由法人承担民事责任。
>
> 法人承担民事责任后，依照法律或者法人章程的规定，可以向有过错的法定代表人追偿。

从上述内容可以看出法定代表人的重要作用，有权代表法人从事民事活动，是代表企业行使职权的主要负责人。企业的法定代表人必须是完全民事行为能力人，并且应当符合国家法律、法规和政策的规定。

多数情况下，公司法定代表人就是公司老板或者最大的股东，但也存在公司的实际老板与注册登记的法定代表人不一致的情况。法定代表人在公司的经营中具有独特的职权，但也要承担相应的义务，担任公司的法定代表人存在以下风险。

民事责任法律风险。法定代表人应由公司的董事长、执行董事或者经理担任，由此可见，公司的法定代表人是公司的高级管理人员。《公司法》中规定，公司的控股股东、实际控制人、董事、监事、高级管理人员不得利用其关联关系损害公司利益。违反前款规定，给公司造成损失的，应当承担赔偿责任。董事、监事、高级管理人员执行公司职务时违反法律、行政法规或者公司章程的规定，给公司造成损失的，应当承担赔偿责任。

刑事责任法律风险。公司法定代表人还存在刑事责任风险，比如《中华人民共和国刑法》规定，单位犯罪的，对单位判处罚金，并对其直接负责的主管人员和其他直接责任人员判处刑罚。常见的单位犯罪有生产、销售伪劣商品，商业贿赂，走私普通货物等。

有下列情形之一的，不得担任公司、非公司企业法人的法定代表人。

①无民事行为能力或者限制民事行为能力。

②因贪污、贿赂、侵占财产、挪用财产或者破坏社会主义市场经济秩序被判处刑罚，执行期满未逾 5 年，或者因犯罪被剥夺政治权利，执行期满未逾 5 年。

③担任破产清算的公司、非公司企业法人的法定代表人、董事或者厂长、经理，对破产负有个人责任的，自破产清算完结之日起未逾 3 年。

④担任因违法被吊销营业执照、责令关闭的公司、非公司企业法人的法定代表人，并负有个人责任的，自被吊销营业执照之日起未逾 3 年。

⑤个人所负数额较大的债务到期未清偿。

⑥法律、行政法规规定的其他情形。

2.2.3 注册新公司经营范围的填写

申请设立公司，会涉及经营范围的填写，经营范围不能随意填写，如果公司正式营业后，发现经营范围没有覆盖实际从事的经营活动，那么需要办理变更登记，这会影响公司的正常运营。在填写经营范围时，很多申请人容易出现以下误区。

● **照搬照抄：** 照搬照抄同行公司的经营范围。在填写经营范围时，申请人可以参考同行的经营范围，但不能完全照搬照抄，因为每个公司经营的侧重点是不同的。

● **多多益善：** 有的申请人会认为经营范围越多越好，于是把公司的经营范围填写得很广泛。这种的做法并不可取，这可能会使公司无法享受税收优惠或增加纳税负担。

● **不考虑顺序：** 填写经营范围时不注重顺序也是很多申请人常犯的错误，经营范围的先后顺序是有讲究的，主营业务应该放在前面。

经营范围包括一般经营项目和许可经营项目，根据《国民经济行业分类》选择一种或多种小类、中类或者大类办理经营范围登记。对于《国民经济行业分类》中没有规范的新兴行业或者具体经营项目，可以参照政策文件、行业习惯或者专业文献等提出申请。根据《企业经营范围登记管理规定》，企业申请的经营范围中有下列情形的，登记机关不予登记。

> （一）属于前置许可经营项目，不能提交审批机关的批准文件、证件的；
>
> （二）法律、行政法规或者国务院决定规定特定行业的企业只能从事经过批准的项目而企业申请其他项目的；
>
> （三）法律、行政法规或者国务院决定等规定禁止企业经营的。

具体填写时可以查看新版《国民经济行业分类》，然后在经营范围中突出主营业务，体现经营的侧重，如图 2-10 所示。

F			批发和零售业	本门类包括51和52大类，指商品在流通环节中的批发活动和零售活动
	51		批发业	指向其他批发或零售单位（含个体经营者）及其他企事业单位、机关团体等批量销售生活用品、生产资料的活动，以及从事进出口贸易和贸易经纪与代理的活动，包括拥有货物所有权，并以本单位(公司)的名义进行交易活动，也包括不拥有货物的所有权，收取佣金的商品代理、商品代售活动；本类还包括各类商品批发市场中固定摊位的批发活动，以及以销售为目的的收购活动
		511	农、林、牧、渔产品批发	指未经过加工的农作物、林产品及牲畜、畜产品、鱼苗的批发和进出口活动，但不包括蔬菜、水果、肉、禽、蛋、奶及水产品的批发和进出口活动，包括以批发为目的的农副产品收购活动
		5111	谷物、豆及薯类批发	
		5112	种子批发	
		5113	畜牧渔业饲料批发	不包括宠物
		5114	棉、麻批发	
		5115	林业产品批发	指林木种苗、采伐产品及采集产品等批发和进出口活动
		5116	牲畜批发	

图 2-10　《国民经济行业分类》部分内容

2.2.4　新公司注册多少资本合适

现在公司注册资本实行认缴制，但很多人对于认缴制存在一定的错误认知，比如以下误区。

①认为注册资本认缴，就是不缴。

②认为注册资本可以随意填写。

③认为注册资本越高越好。

这里，要对认缴制有清晰的认识。认缴是指在注册公司时无须实际缴纳注册资本，股东可以自主约定认缴出资额、出资方式、出资期限等，并记载于公司章程中。认缴制放宽了公司注册的门槛，也降低了创业者创业的成本。

部分人认为认缴制不用实际缴纳资金，那么登记的注册资本越高越好，这样可以体现公司的实力。事实是注册资本并非越高越好，因为注册资本与公司要承担的风险和责任相关，《公司法》中对认缴的出资额有以下规定。

> 　　第二十八条 股东应当按期足额缴纳公司章程中规定的各自所认缴的出资额。股东以货币出资的，应当将货币出资足额存入有限责任公司在银行开设的账户；以非货币财产出资的，应当依法办理其财产权的转移手续。
>
> 　　股东不按照前款规定缴纳出资的，除应当向公司足额缴纳外，还应当向已按期足额缴纳出资的股东承担违约责任。
>
> 　　第一百九十八条 违反本法规定，虚报注册资本、提交虚假材料或者采取其他欺诈手段隐瞒重要事实取得公司登记的，由公司登记机关责令改正，对虚报注册资本的公司，处以虚报注册资本金额百分之五以上百分之十五以下的罚款；对提交虚假材料或者采取其他欺诈手段隐瞒重要事实的公司，处以五万元以上五十万元以下的罚款；情节严重的，撤销公司登记或者吊销营业执照。
>
> 　　第一百九十九条 公司的发起人、股东虚假出资，未交付或者未按期交付作为出资的货币或者非货币财产的，由公司登记机关责令改正，处以虚假出资金额百分之五以上百分之十五以下的罚款。

可以看到，认缴并不等于只认不缴，在认缴制下公司股东仍要按照公司章程的规定按期足额缴纳出资额，虚报注册资本或股东虚假出资要承担相应的法律责任。

另外，有限责任公司的股东以其认缴的出资额为限对公司承担责任，也就是说，注册资本越高，要承担的风险和责任也就越大。下面来看一个案例。

实务案例 注册资本认缴制下股东的责任承担

以 A、B 公司为例，两个公司的注册资本分别为 50.00 万元和 500.00 万元，

A 股东和 B 股东分别占公司 80% 的股权，假设两个公司都欠了 500.00 万元的外债，公司无法偿还到期债务。

这时 A 股东和 B 股东要在认缴注册资本范围内承担清偿责任，即 A 股东要用 40.00 万元的出资额来承担清偿责任，B 股东要用 400.00 万元出资额承担清偿责任。

最高人民法院《关于适用〈中华人民共和国公司法〉若干问题的规定（三）》第十三条第二款有以下规定：

公司债权人请求未履行或者未全面履行出资义务的股东在未出资本息范围内对公司债务不能清偿的部分承担补充赔偿责任的，人民法院应予支持；未履行或者未全面履行出资义务的股东已经承担上述责任，其他债权人提出相同请求的，人民法院不予支持。

股东在公司设立时未履行或者未全面履行出资义务，依照本条第一款或者第二款提起诉讼的原告，请求公司的发起人与被告股东承担连带责任的，人民法院应予支持；公司的发起人承担责任后，可以向被告股东追偿。

从上述内容可以看出，为保护债权人的利益，未履行或者未全面履行出资义务的股东应就不能偿还的债务承担补充赔偿责任。

另外，根据最高人民法院《关于适用〈中华人民共和国公司法〉若干问题的规定（二）》：公司解散时，股东尚未缴纳的出资均应作为清算财产。公司财产不足以清偿债务时，债权人主张未缴出资股东，以及公司设立时的其他股东或者发起人在未缴出资范围内对公司债务承担连带清偿责任的，人民法院应依法予以支持。

注册资本是股东承担有限责任的标准，到期不认缴要承担相应的责任。对新设立的公司来说，最好根据自身实际出资能力来填写注册资本，即填写为股东出资额的合计总数，同时结合行业、公司规模来确定合理的出资额。

注册资本不能虚高，但也不能过低，如果注册资本过低，会让合作方质疑公司的实力。注册资本要能反映自身实力，与公司初期的运营成本相匹配，也可以参考同行注册资本，再结合自身实际情况对注册资本进行调整。

📎 **知识贴士** 注册资本的多少还会影响登记费

领取《企业法人营业执照》，设立登记费按注册资本总额的 0.8‰缴纳；注册资本超过 1 000 万元的，超过部分按 0.4‰缴纳；注册资本超过 1 亿元的，超过部分不再缴纳。

需要注意，并不是所有的行业都实行注册资本认缴制，暂不实行注册资本认缴登记制的行业，见表 2-3。

表 2-3 暂不实行注册资本认缴登记制的行业

序号	名称	序号	名称
1	采取募集方式设立的股份有限公司	15	证券公司
2	商业银行	16	期货公司
3	外资银行	17	基金管理公司
4	金融资产管理公司	18	保险公司
5	信托公司	19	保险专业代理机构、保险经纪人
6	财务公司	20	外资保险公司
7	金融租赁公司	21	直销企业
8	汽车金融公司	22	对外劳务合作企业
9	消费金融公司	23	融资性担保公司
10	货币经纪公司	24	劳务派遣企业
11	村镇银行	25	典当行
12	贷款公司	26	保险资产管理公司
13	农村信用合作联社	27	小额贷款公司
14	农村资金互助社		

2.3 登记审核后的事项

注册登记只是新公司成立的第一步，完成注册登记后，还有其他事项需要办理，下面就来看看注册登记后还需要做什么。

2.3.1 审核通过后领证、刻章

新公司注册登记审核通过后，可以到服务窗口领取营业执照，或者通过政务服务平台、电子营业执照 App、电子营业执照微信小程序等途径下载电子营业执照。营业执照分为正本和副本，正本和副本具有同等法律效力，电子营业执照与纸质营业执照具有同等法律效力。下面来看看如何使用电子营业执照小程序。

实务案例 使用微信小程序下载电子营业执照

以微信小程序为例，在微信搜索页面搜索"电子营业执照"，在搜索结果中点击"下载电子营业执照"按钮，法定代表人完成本人实名认证后，即可下载电子营业执照，如图 2-11 所示。

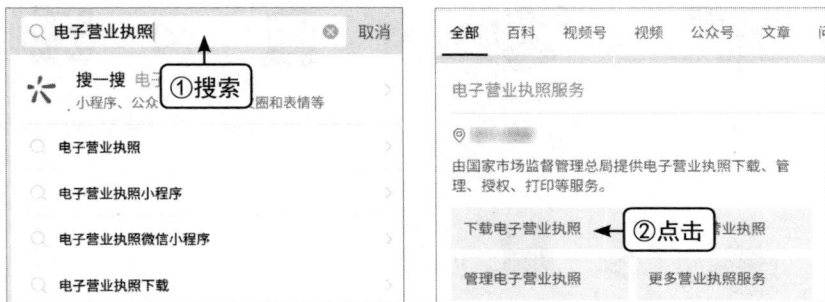

图 2-11 使用电子营业执照小程序

如果不是法定代表本人，可以由法定代表人使用"电子营业执照"小程序的证照管理员服务指定负责人下载电子营业执照，指定负责人下载电子营业执照时，同样需要实名认证。

　　领取营业执照后需刻制公章，公章一般可在电子化系统新公司设立登记页面同步办理，提交好新公司登记的申请资料后，在连续页面会提示是否填报刻章信息，申请人可以选择制作印章或不制作印章。同步提交公章刻制备案申请后，工商部门在核准工商营业执照信息后，会将公司的公章备案申请转递至公安局印章业社会信息采集系统，公章刻制后，经办人可凭身份证原件核对、领取公章。

　　如果当地提供了印章在线办理平台，也可以通过在线平台办理，或者备好所需材料前往公章刻制企业办理公章刻制备案，印章刻制企业验证经办人身份，核对、上传备案信息后刻制公章。以北京市为例，可通过法人一证通在线办理，具体流程如图 2-12 所示。

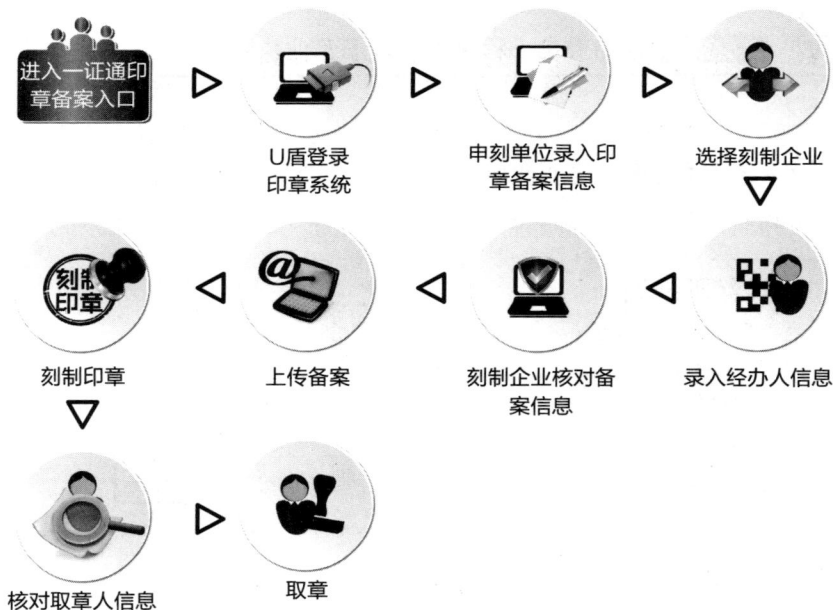

图 2-12　使用法人一证通在线办理流程

不便网上申请备案的经办人可以携带申请材料原件到具备公章刻制资质的刻章企业办理。办理时需要提供如下资料。

①营业执照原件和复印件。

②企业法定代表人有效身份证明原件及复印件。

③企业法定代表人无法亲自办理的，提供有效授权书。

如果刻章经办人不是营业执照载明的法定代表人，则需要提供授权委托书，如图 2-13 所示。

办理刻制公章业务授权委托书

公章刻制企业：

　　本人系_____（单位名称）法定代表人、负责人（即营业执照载明的自然人），特委托_____（身份证号码：□□□□□□□□□□□□□□□□□□）办理公章刻制业务。

　　办理新刻制公章名称为：企业法定名称章、合同专用章、财务专用章、发票专用章、报关专用章。

　　委托权限为：代为提交、补充公章刻制备案材料；代为核对、领取公章、印鉴留存卡；代为签收相关回执证明；代为行使、履行与本业务相关的其他权利和义务。受托人在委托权限内签署的有关文书委托人予以承认，并承担法律责任。

　　委托人签字：　　　　　　　　受托人签字：

　　　年　月　日　　　　　　　　年　月　日

图 2-13　办理刻制公章业务授权委托书

线下办理时，可以先在网上查看刻制企业名录，然后就近办理。以北京市为例，可在北京市公安局官网查看北京市公章刻制企业名录，或者进入"首都治安微提示"微信公众号，在"公章备案"版块中查看刻制企业名录。公司主要刻制的印章一般有以下几类。

● **公司公章**：主要用于公司对外、对内事务的处理，具有最高的法律效力。

- **财务专用章**：重要性仅次于公章，主要用于办理公司的会计核算、银行结算等业务。

- **合同专用章**：专门用于合同签订，能够实现合同的专项管理。

- **发票专用章**：在领购或开具发票时加盖的印章。

- **法定代表人章**：以法人代表的名字篆刻的印章，主要用于公司有关决议或办理银行事务。

除实物印章外，公司还可以根据需要申办电子印章。目前，各地都有发布电子印章管理工作意见（暂行办法），经办人可查看关于电子印章申请、制作的相关规范。

2.3.2　申请领购发票

大多数政务服务平台都提供了营业执照申请、免费公章、发票领用一站式服务，申请人在办理营业执照申请时就可以在连续页面办理涉税事项——发票申领。在发票申领页面会提示是否领用发票，如果开办时没有申请发票领用，一般也可再次登录政务服务平台办理。

新设公司首次领用发票可在政务服务平台一并办理，另外，也可到办税服务厅（场所）、电子税务局、自助办税终端办理。以通过电子税务局办理发票领用为例，大致流程如下所示。

①进入主管税务机关电子税务局网上平台，单击"我要办税"超链接，如图 2-14 所示。

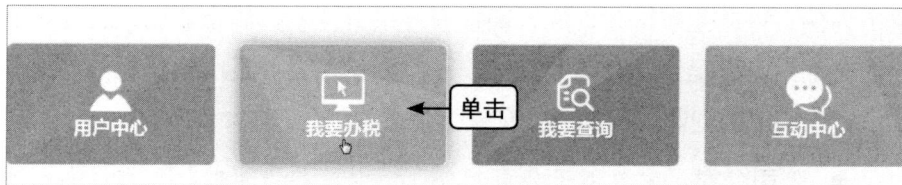

图 2-14　北京市电子税务局页面

②登录账号，在首页菜单栏中选择"发票使用／发票领用"选项，可选择领用电子发票或纸质发票。

③以领用纸质发票为例，单击"领用发票（纸质发票）"超链接，选择领取方式，具体可选择上门领用、就近领取或专业配送。

④按要求填写申请表，系统会根据票种核定信息，显示可以申领的发票种类，如增值税普通发票、增值税专用发票，以及发票结存数量、本次最高可领购数量，然后选择领票人。

⑤根据选择的领取方式填写信息，上门领用单击"下一步"按钮；就近领用填写预约的分局名称；专业配送填写提货方式、配送地址、配送公司。

⑥对已填写的内容进行预览，核实无误后，单击"提交"按钮。提交后打印预约单和提货单，然后至主管税务机关领取发票。

以上是网上办理发票申领的大致流程，实际操作时，不同的电子税务平台界面可能会有所差别，具体以系统显示为主。

从上述流程可以看出，在申领发票前需要办理票种核定，到办税服务厅办理票种核定需要准备以下资料。

● 纳税人领用发票票种核定表1份。

● 加载统一社会信用代码的营业执照（原件查验后退回）。

● 经办人身份证件（原件查验后退回）。

主管税务机关会根据纳税人的经营范围和规模，确认领用发票的种类、数量、开票限额等事宜。到办税服务厅办理发票领用，需要提交以下资料。

● 经办人身份证件原件1份（查验后退回）。

● 领用增值税专用发票、机动车销售统一发票、增值税普通发票和增值税电子普通发票需提供金税盘（税控盘）、报税盘、税务UKey（通过网上领用可不携带相关设备）。

● 领用税控收款机发票提供税控收款机用户卡。

为提高发票申领的效率，避免"多跑一次"，在申领发票时最好携带上公章和发票专用章。

2.3.3 开立公司银行账号

银行账号需要到银行办理，在办理公司设立申请时，有的政务服务系统会提供银行开户预约或者商业银行账户服务，经办人可通过连续页面填写银行开户预约信息或凭电子营业执照开设银行账户。公司银行账户分为基本账户、一般账户、临时账户和专用账户。

基本账户。是办理转账结算和现金收付的主办账户，经营活动的日常资金收付以及工资、奖金和现金的支取均可通过该账户办理。公司只能在银行开立一个基本账户。开立基本账户是开立其他银行结算账户的前提。

一般账户。是因借款或其他结算需要，在基本存款账户开户银行以外银行机构开立的银行结算账户。一般存款账户是存款人的辅助结算账户，借款转存、借款归还和其他结算的资金收付可通过该账户办理。该账户可以办理现金缴存，但不得办理现金支取。一般账户的开立数量没有限制。

临时账户。是因临时需要并在规定期限内使用而开立的银行结算账户。因异地临时经营活动需要时，可以申请开立异地临时存款账户，用于资金的收付。

专用账户。是按照法律、行政法规和规章，对其特定用途资金进行专项管理和使用而开立的银行结算账户。

以上账户统称为银行结算账户，公司申办基本账户需要向银行提供资料文件，包括以下文件。

①营业执照正本、副本。

②公司的公章、财务章和法人代表章。

③法定代表人身份证原件（复印件备用）。

公司申办基本账户后，才能开立一般账户、临时账户和专用账户。申请开立一般存款账户需要向银行出具以下文件。

①开立基本存款账户所规定的证明文件。

②基本存款账户开户许可证。

③因向银行借款需要开立的一般存款账户，应出具借款合同。

④因其他结算需要开立的一般存款账户，应出具有关证明。

临时账户适用于设立临时机构、异地临时经营活动或注册验资。临时账户的有效期限根据有关开户证明文件确定的期限或存款人的需要来确定。在使用临时账户的过程中，若公司需要延长使用期限，一般可向开户银行提出申请。

专用账户主要用于管理和使用各种专项资金，专用账户中的资金由基本存款账户转账存入，需要注意，专用账户不得办理现金收付业务。允许支取现金的专用账户须经批准同意。基本建设，更新改造，粮、棉、油收购等资金的管理与使用可以申请开立专用账户。

2.3.4 按规定进行税务报到

新公司在注册后要去税务局办理税务报到，经办人可通过电子税务局或办税服务厅（场所）办理。目前，电子税务局为新设公司提供了"纳税人套餐"服务，新公司可通过"新办纳税人套餐"办理登记信息确认、扣缴税款登记、纳税人资格确认、税费种核定、财务会计制度备案、存款账户账号报告、发票票种核定等税务初始化事项。下面来看看如何进入电子税务局"新办纳税人套餐"页面。

📌 **实务案例** 使用"新办纳税人套餐"服务

以北京市为例，进入国家税务总局北京电子税务局首页，单击"登录"按钮。在打开的对话框中单击"税务信息确认"超链接，如图 2-15 所示。

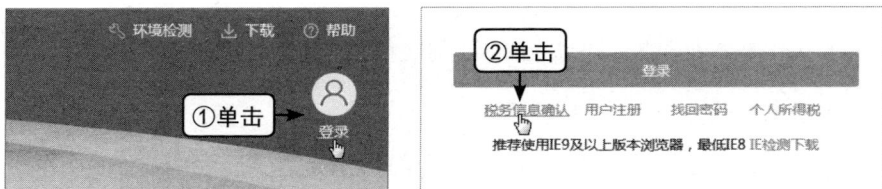

图 2-15　进入电子税务局首页

在打开的"税务信息确认"对话框中单击"新办企业纳税人套餐"超链接，如图 2-16 所示。

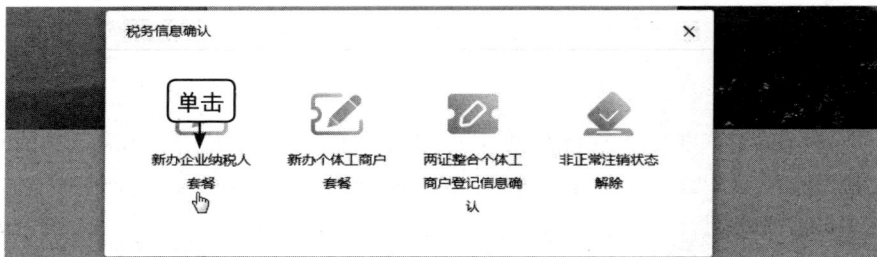

图 2-16　单击"新办企业纳税人套餐"超链接

完成以上步骤后，页面会提示登录，登录成功后根据系统引导完成新办公司相关涉税事项的申请和信息填报工作，大致流程如下所示。

①确认纳税人基本信息。包括社会信用代码、开业（设立）日期、注册地联系电话、经营范围、注册地地址等。

②确认负责人信息。包括法定代表人（负责人）姓名、法定代表人（负责人）身份证件号码、财务负责人姓名等。

③确认注册资本和投资方信息。包括注册资本、投资总额、投资方信

息和投资比例。

④完善涉税信息。根据需要进行选择，其中登记信息确认、扣缴税款登记、纳税人资格和财务会计制度备案是必选项，存款账户账号报告、网签三方协议、发票票种核定是可选项。

⑤根据自身情况进行增值税纳税人资格认定，选择成为"增值税小规模纳税人"还是"增值税一般纳税人"。完善财务会计制度备案，如果选择了存款账户账号报告、网签三方协议、发票票种核定，则依次完善相关信息。

⑥预览填报的基本信息以及涉税信息，若内容无误则提交，然后等待审核和手机短信通知。

从上述流程可以看出，"新办纳税人套餐"还提供了银行存款账户账号报告、网签三方协议和发票票种核定涉税事项。如果公司在此之前已经开立了基本存款账户，就可以一并办理存款账户账号报告，当然也可以后续自行填报。在新办登记时可选择签订三方协议，也可后续自行签订。签订三方协议时，存款账户默认为缴款账户，后续可自行调整。

通过前面的内容也可以知道，申领发票前需要进行发票票种核定，经办人可以根据具体情况选择所需的发票种类和数量，如果在发票票种核定中选择了增值税发票，则需要领取税务 UKey，有上门领取和专业配送两种方式。

2.4　注册新公司要避开的"坑"

前面介绍了新公司注册登记的大致流程，在具体进行新公司注册登记时，还有一些"坑"需要经办人注意，下面来具体了解。

2.4.1　做甩手掌柜，依赖代理

部分创业者为了省时省力，会委托代理公司代为办理新公司注册登记相关事宜。选择代理在一定程度上能够节省经办人的时间，但并不是所有的代理都是靠谱的，选择代理时一定要擦亮眼睛。了解清楚代理公司是否正规、规模如何、具体的办公地址以及专业性等，避免选到不靠谱的代理。

选择代理公司后也不能做甩手掌柜，要经常与代理联系，询问公司注册申请的进度。在登记注册公司的过程中需要填写联系方式，这个联系方式要登记为公司负责人的联系方式，不能因为怕麻烦就填代理人的电话号码，登记机关或税务机关会通过此联系方式与负责人联系。如果联系不上人，会影响公司登记以及涉税事务的办理。

目前，新公司登记注册可以全程"无纸化"在网上办理，因此，如果公司负责人有时间，自己亲自在网上办理会更好，只要确保申请材料齐全，符合法定形式、条件、标准，就能很快办理完成。如果不清楚相关材料的审查标准，也可以通过电话、网上咨询的方式咨询。

2.4.2　没有开公司的法律意识

在创业开公司的过程中，有的创业者会存在法律意识淡薄，或者根本就没有法律意识等问题。开办公司存在诸多风险，其中一项就是法律风险，法律风险可能并不会马上暴露，但是会给公司经营埋下隐患。在创业之初，就要具备基本的法律意识，明确开办公司存在的法律风险，如以下一些方面，需要创业者注意。

◆ 公司设立的法律风险

公司设立的法律依据有《公司法》《公司登记管理条例》以及其他法律法规，创业者应对公司设立的相关法律法规有一定认识，明确公司设立的程序、条件等，以及可能涉及的法律风险，如出资法律风险（如虚假出

资、抽逃出资）、股权结构法律风险（如股权平均分散、出现隐名股东）、公司章程法律风险（如章程相关条款不规范，违反法律法规）等。

◆　法定代表人的责任与风险

明确哪些人可以担任法定代表人，对法定代表人提出任职要求，创业者如果担任公司法定代表人，那么就要清楚法定代表人的责任和风险，可参考 2.2.2 的内容。

◆　股权融资的法律风险

很多公司都会通过出让股权的方式来融得所需资金，股权融资虽然不会向债权融资那样会产生债务，但对公司股东来说，股东融资会稀释他们的股权。如果公司主要负责人的股权占比本来就不是很高，还可能导致负责人丧失对公司的控制权。因此，公司创始人还应明确股权融资可能带来的法律风险，如股权结构设置不当，公司遭遇并购威胁；商业秘密被投资人泄露；公司创始人股权被稀释；创始人股东与投资人股东发生分歧，影响公司经营决策等。

◆　公司生产经营法律风险

公司在生产、经营过程中也可能涉及法律问题，如因合同纠纷引发的法律风险；因股东权益纠纷导致诉讼；因知识产权问题产生的侵权或被侵权纠纷以及劳动人事管理纠纷等。

✎　实务答疑

问：企业法人申请变更登记时，应提交哪些材料？

答：①法定代表人签署的变更登记申请书；②原主管部门审查同意的文件；③其他有关文件、证件。

问：注册登记时应该选什么注册类型？

答：注册登记时，申请人可根据自身实际情况来选择注册类型。①如果是股东合伙创业，那么可以选择有限责任公司。②如果是一个人创业，那么可以选择一人有限公司。③只是创业做小本生意，可选择个体工商户注册。④合伙开事务所，如律师事务所、会计师事务所，可选择合伙企业。

问：哪些情形需要停止有关项目的经营并办理经营范围变更或注销？

答：公司若有以下 4 种情形，需停止有关项目的经营并及时向登记机关申请办理经营范围变更登记或者注销登记。①经营范围中属于前置许可经营项目以外的经营项目，因法律、行政法规或者国务院决定规定调整为前置许可经营项目后，企业未按有关规定申请办理审批手续并获得批准的；②经营范围中的前置许可经营项目，法律、行政法规或者国务院决定规定重新办理审批，企业未按有关规定申请办理审批手续并获得批准的；③经营范围中的前置许可经营项目，审批机关批准的经营期限届满，企业未重新申请办理审批手续并获得批准的；④经营范围中的前置许可经营项目被吊销、撤销许可证或者其他批准文件的。

问：什么是抽逃出资？

答：抽逃出资是一种欺诈性违法行为，是指公司成立后，股东暗中将所缴出资撤回，但仍保留其股东身份。根据《公司法》第二百条规定，公司的发起人、股东在公司成立后，抽逃其出资的，由公司登记机关责令改正，处以所抽逃出资金额百分之五以上百分之十五以下的罚款。

第3章

解决新公司招聘用人难题

公司的发展和成长都需要优秀人才的支撑，人才招聘困难、人岗不匹配是很多初创公司常常遇到的难题。为了公司的可持续发展，需要做好人才招聘以及管理工作，为公司招聘到合适的人才，同时也留住优秀员工。

3.1　公司人才招聘管理

现代市场的竞争也是人才的竞争，新公司要根据经营发展的需求来进行人才招聘管理，利用科学有效的人才招聘和选拔方法来为公司吸引优秀人才，搭建起公司经营发展所需的员工团队。

3.1.1　员工职责要求和条件

在开始招聘前，先要明确人员需求清单以及岗位职责和要求。初创公司可以按照因事设岗、以岗定人的原则来设立岗位、明确用人标准，具体分 3 步走。

第一步，定岗。确定公司需要配置什么岗位或职能部门，主要根据公司的组织架构、经营目标、业务活动来确定。

第二步，定编。确定每个岗位或职能部门需要多少人，如行政部需要 1 人，销售部需要 5 人等。

第三步，定员。确定每个岗位或部门的工作责任和任职要求，确保岗位员工符合要求。

通过以上步骤形成公司人员需求明细表和岗位说明书，人员需求明细表上列明部门、岗位、岗位人数等，见表 3-1。

表 3-1　公司人员需求明细表

部门	岗位	人数	总经理		……		……	
			在职	空缺	在职	空缺	在职	空缺
总经办	总经理	1	1					
	……							
	小计							
合计		部门总人数　　　　人		在岗　　　　人		空缺　　　　人		

续表

部门	岗位	人数	销售经理		销售专员		……	
			在职	空缺	在职	空缺	在职	空缺
销售部	销售经理	1	1	0				
	销售专员	5			1	4		
	……							
	小计							
合计		部门总人数　　　人			在岗　　　人		空缺　　　人	

部门	岗位	人数	出纳		会计		……	
			在职	空缺	在职	空缺	在职	空缺
财务部	出纳	1	0	1				
	会计	1			0	1		
	……							
	小计							
合计		部门总人数　　　人			在岗　　　人		空缺　　　人	
公司员工总计				备注				
在职员工总计								
空缺员工总计								

　　结合上述人员需求明细表，可以很清楚地知道公司设立了哪些部门，以及各部门所需岗位及人数。不同岗位其职责和任职要求都是不同的，公司的招聘负责人要明确岗位的职责范围、任职条件，以为员工招聘、录用提供依据，避免盲目招聘，导致人岗不匹配。

招聘负责人要结合公司业务特点对岗位工作进行分析，明确知识技能要求、能力素质要求等，岗位说明书模板见表3-2。

表3-2　岗位说明书

基本信息	职位名称		岗位编号	
	直接上级		直接下级	
	岗位等级		直接下属人数	
工作职责	职责表述： 岗位职责： 1. 2. 3. 4.			
	任职资格			
项目	最低要求		最佳标准	
年龄要求				
学历要求				
专业要求				
经验要求				
知识要求				
能力要求				

上表中的职位名称填写为岗位的具体名称即可，如人力资源总监、会计主管、市场专员等。职责表述栏中简单描述岗位的关键工作内容，如人力资源总监岗位的职责表述为：参与公司人力资源规划，制订人才招聘计划，组织员工培训，搭建绩效考核制度和薪酬体系，等等。

岗位职责栏描述该岗位的关键职责和标准，如人力资源总监岗位职责包括根据公司发展战略规划拟定人力资源计划；组织制订公司员工手册、人事管理制度、薪酬制度、培训制度等用工制度；开发招聘渠道，做好公司人才储备工作；受理并处理劳动争议事宜。

任职资格包括岗位的年龄要求、学历要求、工作经验要求和知识技能要求等，如销售专员的任职资格为：年龄 22 岁以上；一年以上销售经验；具备良好的沟通、理解能力；具有市场营销、客户管理相关知识等。

3.1.2 根据招聘计划实施招聘

明确公司岗位需求、职责和任职资格后，公司的招聘负责人可以根据人员需求状况作出人员招聘计划，根据岗位需求的紧急程度来有计划地实施招聘。招聘计划应包含三大内容，招聘目标、招聘方式和招聘实施流程。

（1）招聘目标

根据人才空缺情况和人才储备需求来确定招聘目标，包括具体的职位、职位人数和要求，在招聘计划书中可用表格进行展示，更清晰明了，见表3-3。

表 3-3 招聘计划表

职位名称	人数	招聘要求

（2）招聘方式

员工招聘的方式有很多，公司招聘负责人要根据公司情况选择适合的招聘方式，以下为常见的一些招聘方式。

- **网络招聘**：通过网络进行员工招聘，公司可通过官网网站、微信公众号、第三方招聘平台、人才招聘网站进行网络招聘，其优点在于覆盖面广，时效性强，不受空间时间的限制。

- **现场招聘**：指通过人才市场或招聘会进行现场招聘，现场招聘具有人才集中、面对面对话的特点，有面向广泛求职者的大型综合性招聘，也有针对专业人才的招聘专场，如市场营销专场、建筑专场等。其优点在于简历的有效性高，节省初次筛选简历的时间。

- **校园招聘**：是指通过学校这一渠道招聘应届毕业生，如在学校张贴招聘海报、开展校园招聘活动。校园招聘具有时效性高、容易招聘到专业要求匹配的学生。

- **员工推荐**：是指让员工推荐身边的人到公司应聘，具有应聘人员可靠性强、流失率较低的优点。

- **人才介绍机构**：包括猎头公司、人才中介公司等，这类机构主要为公司提供人力资源服务，可以根据公司的需求推荐不同的人才。

公司可以根据自身情况选择适合的招聘渠道，并在招聘计划中明确主要的招聘方式。

（3）招聘实施流程

公司开展招聘工作应有一定的实施流程，以规范招聘工作，提高招聘效率。招聘工作的基本流程如下所示。

①发布招聘信息。在网上招聘平台或人才市场发布招聘信息，招聘信息中要写明招聘岗位、职位描述、岗位要求、薪资待遇、工作地点、公司简介等内容，以让求职者对应聘的岗位有大致了解，进而提高招聘的有效性，如下所示为某公司关于总经理助理的招聘内容，招聘信息中写明了薪资待遇、岗位需求、任职资格和岗位职责等。

招聘岗位：总经理助理。

薪资待遇：6 000 ～ 10 000 元／月，五险一金，加班补助。

岗位需求：1 人。

工作地点：×××××××106 号。

岗位职责：1. 协助处理总经办日常事务性工作，做好总经理的工作计划排期与推进。2. 与各部门建立良好的沟通渠道，确保总经办的上传下达能有效开展与执行。3. 陪同总经理参与商务会议，对公司来访重要客户进行接待安排。4. 协助总经理出差进行商务谈判。5. 其他上级交代的工作安排。

岗位要求：1. 具备基本的商务接待礼仪。2. 具备良好的协调能力、沟通能力，负有责任心，性格活泼开朗，具有亲和力。3. 熟练运用 Office 及良好的文档写作能力。4. 有驾驶证并能熟练驾驶。

②简历筛选。查看应聘者投递的简历，筛选面试候选人。为保证招聘的质量，招聘负责人要把好简历筛选的第一关，比较应聘者的知识技能、工作经验、学历等，筛选出符合条件的应聘者并邀约面试。

③面试程序。面试是对候选人进行再次甄选的过程，根据岗位要求，还可以安排笔试或复试。面试过程中要考察和评价应聘者的能力素质，在此过程中，应聘者也会对公司的工作环境、薪资待遇等进行了解。对面试官来说，即使求职者不满足招聘要求，也应在面试中给对方留下好的印象，树立公司的良好形象。

④员工录用。结合简历和面试结果对应聘者做出是否录用的决策，然后对通过录用人员，告知其报到时间、工作时间、办理录用手续需要准备的资料以及其他与工作有关的事项等。

招聘结束后，可对招聘工作进行评估，对应聘录用率、招聘成本、招聘流程、招聘方式进行总结和评价，以优化招聘工作。

3.1.3　择优筛选适合的员工

员工的招聘录用关系着公司的经营和发展，在招聘过程中，招聘负责人应坚持客观公正、择优录取的原则为公司选拔合适的员工。从招聘的流程可以看出，简历筛选和面试是人才甄选的两个重要环节，把握好这两个环节，才能为公司找到合适的员工。

（1）简历筛选

公司发布招聘信息后，会陆续收到求职者投递的简历。招聘人员应对简历进行初步筛选，以确定是否需要进行电话或面试沟通。面对大量的简历，招聘人员要学会快速、准确筛选简历的方法。具体可以分 3 步走，即粗筛阶段、细筛阶段和精筛阶段。

◆　粗筛阶段

此阶段需要查看每一个求职者的简历，为了提高筛选的效率，在粗筛阶段可以快速浏览求职者的专业、学历、在职情况和求职意向，看求职者的专业是否对口，是离职还是在职状态，求职意向是否与招聘的岗位匹配。将符合标准的简历留下，不符合标准的剔除。

粗筛阶段也可以根据岗位性质来确定筛选的重点，如公司采购岗位对学历要求不高，但要求员工必须熟悉安防工程类材料，这时就可以将这一点作为粗筛的关键词，从而快速筛选出符合条件的求职者。

◆　细筛阶段

细筛是对求职者的简历进行二次筛选，此阶段主要查看求职者是否符合岗位的最低要求。岗位的任职资格可分为最低要求和最佳标准，最低要求是指担任该岗位所需的基本能力素质要求。细筛时一般重点查看求职者的工作经验、工作时间、能力业绩等，剔除不满足基本任职要求的求职者，如岗位要求工作经验 3 年以上，但求职者没有相关行业的工作经验。

◆ 精筛阶段

在细筛阶段筛选出来的求职者都是能满足基本任职要求的，这部分求职者会存在匹配度上的差异。精筛主要分析求职者简历与岗位的匹配度，对公司用人来说，匹配度越高当然越好。此阶段要了解应聘者的职业稳定性、兴趣偏好、离职原因、职称证书、个人才艺等，如果有优秀的人才则相应地做好标记，并优先进行邀约面试。

简历筛选只是初步判断求职者是否符合任职资格，针对不同的岗位，招聘人员可以制定不同的"硬性指标"，将不符合硬性指标的简历直接淘汰，大多数公司常用的硬性指标有学历、专业、资格证书、毕业院校、性别和年龄等。

（2）面试甄选

面试是在特定的场景下，以面对面交谈、观察的方式来测评求职者的能力、经验和知识等。作为公司的面试官，在开始面试前有必要做一些准备工作，以保证面试的质量。面试官应该做的准备工作包括以下一些方面。

◆ 面试形式

面试有多种形式，如一对一的面试、集体面试、情景面试等，面试官要选择恰当的面试形式。比较常规的面试形式是一对一面试，即求职者与面试官一对一地进行沟通面谈，双方各自就关心的问题提问，对方做出回答，面试官根据求职者的表现来综合判断求职者与岗位的匹配度。

◆ 面试问题

面试问题也是在面试前就需要准备好的，通过面试者对这些问题的回答，可以了解到求职者各方面的能力，如逻辑思维能力、沟通交流能力、工作经验等。面试问题要保证对求职者考察的有效性，以便准确测评应聘者的素质和能力，不要设计一些与工作、岗位、求职无关的问题。面试官可以结合以下两方面来设计面试问题。

求职者简历。结合求职者的简历，可以针对简历中的疑问点提问，比如求职者在一年内换了 3 份工作，此时可以设计"能说一说短期内频繁更换工作的原因吗"面试问题。

岗位任职要求。针对不同岗位对能力素质的要求来设计面试问题，根据想要重点考查的能力 / 素质来设计，如管理岗位可以设计管理、沟通类的问题，如"能举例说明你是如何解决意见分歧的吗"。如果要对工作经验进行考察，则可以设计与工作经验有关的问题，如"这么多年的销售工作，你认为主要的工作成果有哪些""简单介绍下你的工作经历"。

在面试中，面试官也可以根据当时的情景来灵活提问。然后结合应聘者的表现为其打分，最终甄选出合适的应聘者予以录用，面试评分表见表 3-4。

表 3-4　面试评分表

姓名		性别		年龄	
应聘职位		专业		毕业院校	
评分要素		参考标准			得分
举止仪表（8 分）		仪表端正，装扮得体，举止有度			
对本职位的欲望（8 分）		对本公司做过初步了解；面试经过精心准备；面试态度认真，待遇要求合理			
综合能力（25 分）	自我认知能力（4 分）	能准确判断自己的优势、劣势，并针对劣势提出弥补措施			
	沟通表达能力（6 分）	准确理解他人的意思；有积极主动沟通的意识和技巧；用词恰当，表达流程，有说服力			
	分析能力（5 分）	思路清晰，富有条理；分析问题全面、透彻、客观			
	应变能力（4 分）	有压力状况下，思维反应敏捷；情绪稳定；考虑问题周全			

续表

评分要素		参考标准	得分
综合能力 （25分）	执行力（6分）	在任何情况下都能服从领导的工作安排，全力以赴完成工作任务	
综合素质 （35分）	可塑性（6分）	拥有较强的学习力；能理性接受他人的观点；对他人、他事无成见	
	情绪稳定性 （5分）	在特殊情况下（如较大的压力、被冤枉、被指责）能保持情绪稳定，不会做出极端言行	
	求职动机 （3分）	需要生存；自我提高；自我实现；职业规划	
	主动性（7分）	找借口还是找方法；工作方法的灵活多样性	
	服从性（7分）	能服从自己不认可的领导；服从并接受自认为不合理的处罚；能接受工作职责外的任务	
	团队意识 （7分）	过去自认为骄傲的经历中有团队合作事项；能为团队做出超越期望值的付出	
职位匹配 性（24分）	经历（4分）	是否经常换工作，工作稳定性；平均每份工作的工作时间最少超过半年	
	性格（5分）	自信，谦和，积极乐观，心态成熟，性格与岗位要求相匹配	
	专业背景 （4分）	所学是否相关专业；有无相关工作经验	
	对本职的认识 （5分）	了解本职工作内容和工作方式，能预见并接受可能出现的困难	
	对企业的认同 程度（6分）	对以前企业和老板的态度；是否认同行业和公司未来的前景；是否认同公司的文化和管理方法	
评定总分			
期望薪资		到岗时间	
录用意见			
面试人	（签字）	日期：　年　月　日	

3.1.4 公司招聘管理制度

为规范公司的招聘用人程序，实现人力资源的优化配置，管理者可以制定适合本公司的招聘管理制度，明确招聘原则和标准，使招聘工作进一步制度化，如下所示为某公司招聘管理制度。

制度范本 招聘管理制度

一、总则

我们依靠自己的宗旨、文化、成就与机会，以及政策和待遇，吸引和招揽优秀人才。在招聘和录用中，注重人的素质、潜能、品格、学历和经验。聘用员工本着"公开、公平、公正、择优"的原则。

按照双向选择的原则，在人才使用、培养与发展上，提供客观且对等的承诺。

二、招聘计划的制订

用人部门应根据需要提前一个月向综合部提交"人员需求申报表"（附表1），由综合部审核其是否超出人员编制。

1. 在编制范围内，如有职务空缺，则由综合部按照"人员需求申报表"制定招聘计划，由总经理批准。

2. 招聘计划的内容分为以下3部分。

2.1 招聘标准：确定受聘者的各项条件，如年龄、性别、学历、工作技能及其他方面的要求等。

2.2 招聘人数：制订招聘人数时，应在充分考虑到原职工潜力的情况下合理确定，严禁出现超编人员。

2.3 招聘方式：包括招聘方向、途径、方法和程序等。

三、招聘实施

1. 根据招聘计划，综合部以所需人员层次的不同选择招聘方式和渠道，具体方式如下。

1.1 新闻媒介（网络、报刊、电视）发布招聘信息。

1.2 通过定期或不定期举办的人才市场招聘。

1.3 直接到各高校招聘。

2. 人力资源处对所有应聘人员资料进行整理、分类及初步筛选，及时反馈给各用人部门。各用人部门根据资料对应聘人员进行初步筛选，确定面试人选，由综合部通知初选合格的应聘人员参加面试。

3. 招聘员工根据不同的应聘岗位采取不同的考核方法，常用的考核方法有面试、笔试等。

4. 主管级及以上应聘人员面试时由总经理、用人部门主管等人参与面试，对应聘者进行直接考核。主管级以下应聘人员由各部门主管、综合部及相关用人部门负责人共同面试。

5. 面试考核流程

5.1 由应聘者填写"应聘人员登记表"（附表2），面试时应聘者需提供个人身份证、最高学历证明、各种技能证书的原始证件，以上证件应在邀约面试时通知到位。

5.2 根据需要进行面试、笔试等。

5.3 面试过程中，面试人员应做到以下几点。

5.3.1 面试人员需要给人一种好感，能够很快地与应职者交流意见。

5.3.2 要了解自己所要获取的答案及知识点。

5.3.3 尽量避免考查有争议的问题。

5.3.4 要尊重对方的人格。

5.4 面试人员分别填写"复试意见反馈表"（附表3），待面试结束后，交综合部备案。

6. 对于未能通过面试考核的应聘人员，应礼貌的回复。

7. 应聘人员如通过面试考核，由综合部汇总情况报总经理审核通过后，通知录用人员并确定到岗时间。

3.2　员工入职操作指南

入职管理是人力资源的基础工作之一，入职管理会对新员工的留存率产生重要影响。另外，为了让新员工尽快地适应岗位工作，也要重视新员工的入职管理。

3.2.1　完善员工入职流程

新员工刚入职几天就离职，这无疑会增加公司的用人成本。新员工入职初期，工作心态、情绪往往还处于不稳定状态中，对公司的认同感也不高。如何让新员工尽快地度过适应期，融入团队，是管理者需要思考的。很多公司之所以留不住新员工，主要原因之一就是入职流程不规范、不细致，没有对新员工进行正确的入职引导。下面来看看新员工入职的基本流程。

（1）入职准备

电话或邮件通知新员工报到，告知新员工报到需要携带的相关资料，一般需提交身份证、个人一寸免冠照、学历证、资格证书、离职证明等。人力资源部通知用人部门新员工的到岗时间，把新员工简历、面试评分表发送给用人部门负责人，并安排好新员工入职工位，调试好电脑等设备。

（2）办理入职手续

新员工到公司报到后为其办理入职手续，让新员工填写"入职登记表"，并提交相关证件。管理者要核查新员工所提供证件的真伪，将所有证件扫描或复印后留底，原件交还给员工。

入职登记表要让新员工如实填写并签字确认，使其可以作为日后解决劳动纠纷的证明材料，入职登记表应包含员工基本信息以及承诺条款，具有防止员工欺诈入职的作用，如表3-5所示为入职登记表模板。

表 3-5　入职登记表

部门：_____ 岗位_____ 工号：_____ 入职时间：_____

姓名		性别		籍贯		
出生日期		民族		健康状况		
政治面貌		婚姻状况		已婚 / 未婚		相片
最高学历		毕业学校				
手机号码		身份证号码				
户籍所在地			现居住地			
紧急联系人			紧急联系人电话			
工作经历	起止时间		工作单位		职位	证明人
学历经历	起止时间		学校名称		毕（结、肄）业	
家庭成员	姓名		关系	年龄	联系电话	
是否与原单位解除劳动合同			□是		□否	
入职资料审查	□应聘登记表　□学历证书复印件　□学位证书复印件 □身份证复印件　□专业资格 / 职称证明　□体检报告 □离职证明　□背景调查　□其他证件					

声明：

　本人保证：上述所填的各项资料内容全部属实，我允许____公司考查我的工作经历、学历证书及其他相关材料的真实性，并愿在这些调查中予以合作，如发现提供虚假资料，愿接受用人单位规章制度的处理，愿意接受用人单位解除劳动合同的处理。

签名：　　　　　　　　　　　　　　　　日期：

为新员工建立员工档案，录入考勤系统，签订《劳动合同》《保密协议》等，介绍公司情况、日常考勤、组织架构和管理层等，发放公司《员工手册》并让员工阅读，通过员工手册可以让新员工了解公司文化和相关规章制度，充分阅读后让员工在签字页或员工手册确认书上签字确认。

（3）入职培训

引领新员工熟悉办公室环境，介绍同事互相认识，为新员工安排工位，发放办公用品，由用人部门安排专人为新员工进行入职培训。入职培训的内容可以根据公司具体情况来确定，可以包含岗位职责描述、公司产品、部门主要业务、基本工作流程和工作方式等。入职培训的目的是让新员工快速适应岗位工作，熟悉公司的业务模式。

知识贴士 新员工背景调查

背景调查是指通过合理合法的途径对新员工的履历、资格证书进行入职审查，其目的是保证招聘的质量。公司可以根据新员工入职的岗位和职级来决定是否需要对入职员工进行背景调查，一般来说需要对特殊岗位、核心职位和高级管理者做背景调查，普通员工大都不需要做背景调查。

3.2.2 与员工签订劳动合同

劳动合同是公司与员工建立劳动关系的依据，劳动合同应以书面形式订立，有 3 种类型。

- **固定期限劳动合同**：指用人单位与劳动者约定合同终止时间的劳动合同。

- **无固定期限劳动合同**：指用人单位与劳动者约定无确定终止时间的劳动合同。

- **以完成一定工作任务为期限的劳动合同**：指用人单位与劳动者约

定以某项工作的完成为合同期限的劳动合同。

劳动合同可以在员工入职前或办理入职手续时签订，只要与员工建立了劳动关系，就需要签订书面劳动合同。如果公司与员工已建立了劳动关系，但未同时订立书面劳动合同，应当自用工之日起一个月内订立书面劳动合同，也就是说签订劳动合同的时间最迟不能超过员工入职之日起一个月。

部分公司认为不签劳动合同就可以随意辞退员工，降低用工风险，或者因为法律意识淡薄而未签订劳动合同。首先，公司应该明确签订劳动合同是《中华人民共和国劳动合同法》（以下简称《劳动合同法》）的强制规定。其次，签订劳动合同能规范公司和员工之间的权利和义务，有利于公司自主用人，也能避免很多劳动纠纷。

对公司来说，不签劳动合同没有好处。因为，只要员工能证明存在事实劳动关系，公司仍要履行相关义务。劳动合同有利于减少和防止劳动纠纷。对公司来说，在劳动合同中约定劳动者的工作标准、劳动报酬、劳动关系的解除等，也是公司自我保护的一种手段。在签订劳动合同时，要清楚劳动合同的条款，劳动合同应当具备以下条款。

①用人单位的名称、住所和法定代表人或者主要负责人。

②劳动者的姓名、住址和居民身份证或者其他有效身份证件号码。

③劳动合同期限。

④工作内容和工作地点。

⑤工作时间和休息休假。

⑥劳动报酬。

⑦社会保险。

⑧劳动保护、劳动条件和职业危害防护。

⑨法律、法规规定应当纳入劳动合同的其他事项。

劳动合同除前款规定的必备条款外，用人单位与劳动者可以约定试用期、培训、保守秘密、补充保险和福利待遇等其他事项。

在签订劳动合同时需要注意，用人单位应当如实告知劳动者工作内容、工作条件、工作地点、职业危害、安全生产状况和劳动报酬，以及劳动者要求了解的其他情况。

知识贴士 不签订劳动合同的双倍工资支付

《劳动合同法》第八十二条规定：用人单位自用工之日起超过一个月不满一年未与劳动者订立书面劳动合同的，应当向劳动者每月支付二倍的工资。用人单位违反本法规定不与劳动者订立无固定期限劳动合同的，自应当订立无固定期限劳动合同之日起向劳动者每月支付二倍的工资。

公司在与员工签订劳动合同时，要审查劳动合同中的必备条款是否有遗漏，同时注意相关条款的约定是否符合法律规定，如关于试用期期限、最低工资、工时的约定，如下所示为劳动合同模板。

制度范本 劳动合同书（固定期限）

一、根据《中华人民共和国劳动法》《中华人民共和国劳动合同法》和有关法律、法规，甲乙双方经平等自愿、协商一致签订本合同，共同遵守本合同所列条款。

第一条 甲方＿＿＿＿＿＿＿

法定代表人（主要负责人）或委托代理人＿＿＿＿＿＿＿

注册地址＿＿＿＿＿＿＿＿＿＿＿＿

经营地址＿＿＿＿＿＿＿＿＿＿＿＿

第二条 乙方＿＿＿＿＿性别＿＿＿＿

户籍类型（非农业、农业）＿＿＿＿＿＿

居民身份证号码_____

或者其他有效证件名称_____证件号码_____

在甲方工作起始时间_____年_____月___日

家庭住址_____邮政编码_____

居住地址_____邮政编码_____

户口所在地_____省（市）_____区（县）_____街道（乡镇）

二、劳动合同期限

第三条 本合同为固定期限劳动合同。

本合同于____年____月____日生效，其中试用期至____年____月____日止。本合同于____年____月____日终止。

三、工作内容和工作地点

第四条 乙方同意根据甲方工作需要，担任_____岗位（工种）工作。

第五条 根据甲方的岗位（工种）作业特点，乙方的工作区域或工作地点为_____。

第六条 乙方工作应达到_____标准。

四、工作时间和休息休假

第七条 甲方安排乙方执行_____工时制度。

执行标准工时制度的，乙方每天工作时间不超过8小时，每周工作不超过40小时。每周休息日为_____天。

甲方安排乙方执行综合计算工时工作制度或者不定时工作制度的，应当事先取得劳动行政部门特殊工时制度的行政许可决定。

第八条 甲方对乙方实行的休假制度有_____。

五、劳动报酬

第九条 甲方每月__日前以货币形式支付乙方工资，月工资为_____元或按_____执行。

乙方在试用期期间的工资为_____元。

甲乙双方对工资的其他约定_____。

第十条 甲方生产工作任务不足使乙方待工的，甲方支付乙方的月生活费为_____元或按_____执行。

六、社会保险及其他保险福利待遇

第十一条 甲乙双方按国家和××市的规定参加社会保险。甲方为乙方办理有关社会保险手续，并承担相应社会保险义务。

第十二条 乙方患病或非因工负伤的医疗待遇按国家、××市有关规定执行。甲方按_____支付乙方病假工资。

第十三条 乙方患职业病或因工负伤的待遇按国家和××市的有关规定执行。

第十四条 甲方为乙方提供以下福利待遇_____。

七、劳动保护、劳动条件和职业危害防护

第十五条 甲方根据生产岗位的需要，按照国家有关劳动安全、卫生的规定为乙方配备必要的安全防护措施，发放必要的劳动保护用品。

第十六条 甲方根据国家有关法律、法规，建立安全生产制度；乙方应当严格遵守甲方的劳动安全制度，严禁违章作业，防止劳动过程中的事故，减少职业危害。

第十七条 甲方应当建立、健全职业病防治责任制度，加强对职业病防治的管理，提高职业病防治水平。

八、劳动合同的解除、终止和经济补偿

第十八条 甲乙双方解除、终止、续订劳动合同应当依照《中华人民共和国劳动合同法》和国家及××市有关规定执行。

第十九条 甲方应当在解除或者终止本合同时，为乙方出具解除或者终止劳动合同的证明，并在十五日内为乙方办理档案和社会保险关系转移手续。

第二十条 乙方应当按照双方约定，办理工作交接。应当支付经济补偿的，在办理工作交接时支付。

九、当事人约定的其他内容

第二十一条 甲乙双方约定本合同增加以下内容：＿＿＿＿＿＿＿＿＿。

十、劳动争议处理及其他

第二十二条 双方因履行本合同发生争议，当事人可以向甲方劳动争议调解委员会申请调解；调解不成的，可以向劳动争议仲裁委员会申请仲裁。

当事人一方也可以直接向劳动争议仲裁委员会申请仲裁。

第二十三条 本合同的附件如下＿＿＿＿＿＿＿＿＿。

第二十四条 本合同未尽事宜或与今后国家、××市有关规定相悖的，按有关规定执行。

第二十五条 本合同一式两份，甲乙双方各执一份。

甲方（公　章）　　　　　　乙方（签字或盖章）

法定代表人（主要负责人）或委托代理人（签字或盖章）

签订日期：＿＿＿年＿＿月＿＿日

3.2.3　让员工更快地熟悉工作

在新员工进入公司后，人力资源部以及用人部门都有必要帮助员工快速熟悉岗位工作，这不仅能给予新员工良好的入职体验，提高员工留存率，还能帮助员工提高业务能力，让新员工更快上手独立工作。那么公司要如何帮助员工更快地熟悉岗位工作呢？

新员工入职后会有一个试用期，在试用期间，人力资源部和用人部门可以根据岗位特性制订培训计划，以快速提升新员工的工作能力。这里将试用期分为3个阶段，每个阶段设计不同的工作内容。

（1）第一阶段：1～7天

第一阶段主要是让新员工了解公司，熟悉业务，更快地消除拘束感。此阶段可以采用"老带新"的策略，新公司可以让熟悉公司制度、业务的老员工带新员工，帮助新员工尽快融入工作。由老员工先将新员工介绍给部门的每位员工认识，然后与新员工进行单独沟通，告诉新员工工作的职责、公司文化、业务标准等，先帮助新员工巩固理论知识，沟通时可以告诉新员工，有不懂的地方可以随时提问。此外，也可以与新员工聊一聊职业规划、自己的经验等，这可以让新员工放松下来。然后为新员工安排第一周的工作任务，告知员工要做什么以及怎么做。

在新员工刚入职的前3天，不要把工作量安排得太满，很多员工可能会因为工作压力过大而离职，建议循序渐进地增加工作量，让新员工有一个适应过程。工作之余可以与新员工一起吃午饭、聊天，减轻新员工对公司的陌生感。

在引导新员工工作的过程也会发现一些问题，对于存在的问题要及时给予指导，此阶段不宜过多地批评，而应多表扬、鼓励，为新员工树立工作信心。

（2）第二阶段：8 ~ 15天

新员工入职一周后，对工作内容已经基本熟悉了，人力资源部或用人部门可以与员工主动沟通，询问新员工是否适应，工作中有没有遇到困难等。同时要观察并评估新员工的工作表现、工作态度以及学习能力等，此阶段可以布置一些工作任务让新员工独立完成，并适时对新员工的工作方式方法进行指导。

第二阶段需要测试新员工是否有能力胜任岗位工作，是否有培养的价值，要及时排除掉态度不端正，与岗位完全不匹配的员工。因为，如果公司继续在该员工身上投入精力、时间，会进一步增加用人成本。

此阶段新员工并不能完全掌握所有工作技能，因此，可以监督并协助员工完成工作任务，并安排集体活动、新员工反馈会议等，提高整个团队的凝聚力。

（3）第三阶段：16 ~ 30 天

新员工入职一个月后，对其试用期的表现进行综合评估，肯定做得好的地方，提出需要改进的地方。如果只有一个月的试用期，那么就要充分评估该员工是否满足岗位所需，做出转正或不予转正的决定。如果有两个月的试用期，则可以在此阶段继续考察，同步跟进新员工的工作，及时肯定和赞扬员工的进步和成长，提出更高的期望。

一个月后，人力资源部和用人部门对新员工的工作能力、长处会有一定的了解，对于表现优异的员工可以让其提前转正，若该员工实在无法胜任当前岗位，则可以考虑调岗或者解除劳动关系。当新员工转正成为正式员工后，也要与其多沟通，关注其进步和不足，帮助新员工继续成长。

3.2.4 员工入职管理办法

为规范新员工入职管理程序，人力资源部可以制定适合公司的员工入职管理办法，明确新员工入职管理的工作程序，让新员工顺利融入公司的文化氛围中，如下所示为某公司新员工入职管理办法。

制度范本 新员工入职管理办法

为更好地实现公司人才培养机制，为新员工创造一个良好的学习交流平台，尽快了解公司管理规范，明确工作职责与任务目标，使其更快适应环境，提高工作效率，特制定本规定。

一、适用范围

（一）适用于公司所有新入职处于试用期的新员工。

（二）适用于各部门\项目所有调（转）岗任职3个月内员工。

二、职责定位

人力资源部及用人部门负责人（责任人）、引导人有责任帮助新员工尽快熟悉工作环境，适应新工作要求。

新员工引导原则上强调 4 个关键环节的实施与控制，即入职前准备、入职后引导、各节点跟进、入职 3 个月融入的管理与控制。

（一）入职接洽人：由人力资源部担当，负责办理新员工的入职手续，并组织完成新员工 / 新调职人员 3 个月内的引导融入。

（二）入职引导人：实行新员工引导人制，由部门负责人指派本部门有引导能力的人员担当，负责引导新员工了解部门工作环境、岗位职责、制度流程、工作对接，签订试用期工作计划书并负责对考核结果跟踪，帮助其在融入期尽快适应岗位角色，发挥优势。

（三）入职责任人：由部门负责人担当，全面负责新员工 / 新调职人员的工作能力和与公司融入度的提升辅导。

（四）融入期为 3 个月，融入期被评定为可培养的核心人员，将根据公司发展要求进入人才培养机制。

三、新员工融入引导流程（见表 3-6）

表 3-6　新员工融入引导流程

节点	人力资源部	用人部门（引导人、责任人）
入职准备	向候选人发出入职通知	由负责人确认新员工引导人，明确新员工岗位职责
	启动 OA 新员工入职引导流程	准备办公座位、用品、资料
	准备入职资料，通知用人部门	
入职当日	办理入职手续（入职登记、劳动合同、员工手册、保密协议、岗位责任书等）	确认开通公司 OA 账户，部门内部通知新员工入职并准备接洽
	OA 发布"新员工入职"信息	向新员工介绍部门情况、内外部协作关系、团队架构
	介绍公司、部门情况，办公区分布，人员情况	与新员工制订工作任务书，了解需求，沟通工作内容
入职一周	组织新员工入职培训，与新员工、引导人交流员工工作情况	协助新员工了解公司各项制度、工作流程

续表

节点	人力资源部	用人部门（引导人、责任人）
入职一周	督导引导人完成新员工融入工作	协调日常工作的开展，了解其工作态度
	完成"新员工入职引导表"签存工作	完成"新员工入职引导表"各项工作流程
入职当月	与新员工入职谈话，了解其工作、融入情况及所需支持	配合责任人、人力资源部完成工作任务考核、融入工作考核
	填报"新员工入职面谈记录表"	填报"新员工入职面谈记录表"
入职转正	考核新员工转正业绩	完成试用期考核
	协助完成转正审核	组织完成转正审核
	填报"新员工融入面谈记录表"	填报"新员工融入面谈记录表"

四、新员工融入效果评估

（一）评估原则

1. 各部门应按规定执行新员工融入流程，建立效果反馈机制。

2. 人力资源部根据评估反馈情况，适时跟进新员工融入期工作情况，与责任人、引导人共同帮助新人融入并发挥优势。

3. 人力资源部负责对各部门的新员工融入工作情况进行监督和审核，并将评估结果记入各部门考核指标。

（二）评估方式

1. 人力资源部及部门领导应在新员工入职满一个月、转正时进行面谈，根据试用期间工作任务的完成情况、新员工对用人部门和企业文化氛围的评价，填写"新员工融入面谈记录表"，面谈内容包含新员工入职后的工作融入情况，并由谈话双方签字确认，"新员工融入面谈记录表"报人力资源部备案。

2. 融入期内离职的员工做离职面谈时，需做离职原因分析，离职面谈涉及新员工各部门的融入流程分析。

五、附则

1. 本规定由公司人力资源部负责拟定、修订与解释。

2. 本规定自公布之日起实施。

3.3 员工工资薪酬方案

薪酬是公司支付给员工的劳动报酬，对员工来说，薪酬是满足其生存和生活的保障，对公司来说，薪酬是一种激励手段。对员工和公司来说，薪酬都具有重要的功能。

3.3.1 员工薪资的主要构成

如何确定和管理员工的薪资是每个新公司都需要解决的问题，根据《关于工资总额组成的规定》（国家统计局令第1号），工资总额由计时工资、计件工资、奖金、津贴和补贴、加班加点工资、特殊情况下支付的工资构成。

- **计时工资**：指按计时工资标准（包括地区生活费补贴）和工作时间支付给个人的劳动报酬。

- **计件工资**：指对已做工作按计件单价支付的劳动报酬。

- **奖金**：指支付给职工的超额劳动报酬和增收节支的劳动报酬。

- **津贴和补贴**：指为了补偿职工特殊或额外的劳动消耗和因其他特殊原因支付给职工的津贴，以及为了保证职工工资水平不受物价影响支付给职工的物价补贴。

- **加班加点工资**：指按规定支付的加班工资和加点工资。

- **特殊情况下支付的工资**：包括根据国家法律、法规和政策规定，因病、工伤、产假、计划生育假、婚丧假、事假、探亲假、定期休假、停工学习、执行国家或社会义务等原因按计时工资标准或计时工资标准的一定比例支付的工资；附加工资、保留工资。

实务中，每个公司的薪资结构会有所差别，主要根据行业特征、岗位特性、当地薪酬水平来确定。在公司薪酬管理中，一般要兼顾保障性薪酬和激励性薪酬，主要包括以下4个部分，见表3-7。

表3-7　薪资构成

薪资构成	内容
基本工资	相较于薪资构成中的其他组成部分，基本工资的稳定性较高，多为固定报酬，通常也是员工劳动报酬的主要组成部分。基本工资一般根据岗位价值、职位等级来确定，较为成熟的公司会通过基本工资来反映员工之间工作能力、职责、职别的差异，比如行政主管的基本工资会高于行政专员
浮动工资	浮动工资也称为非固定工资，常见的绩效工资、提成工资、计时／计件工资、提成工资就是浮动工资的一种形式。浮动工资会随公司经营效益、部门业绩、员工个人劳动成果而变动，销售岗位、生产岗位常常会设置浮动工资
津贴补贴	是以补贴形式支付给员工的劳动报酬，如交通补贴、餐补、特殊岗位津贴、出差补助等，津贴补贴是对在特殊劳动条件和环境下工作的劳动者的一种补偿，虽然津贴补贴不是员工薪资的核心部分，但对于某些岗位而言，缺少这部分往往很难吸引到人才，如经常加班、出差的岗位
其他福利	是公司吸纳和保留人才的激励手段，可以是现金形式，也可以是非现金形式，部分公司基本工资并不高，但可以凭借福利吸引优秀人才，现代薪酬体系中的福利有带薪休假、补充保险、节日礼金、旅游项目等形式

每一位进入公司的员工都很关心薪酬，公司要设计相对公正、公平的薪资规则，使薪酬结构能够保障员工的基本生活，同时又能发挥激励的作用，下面介绍3种主要的薪酬结构模式。

◆ 高弹性模式

高弹性薪酬结构的特点是浮动工资占比很高，基本工资占比很低，甚至可能没有基本工资，比较典型的是销售岗位绩效工资制，劳动报酬的多少直接由绩效来衡量，浮动薪酬所占比例很大。如基本（固定）薪资占10%，业绩（浮动）薪资占60%，奖金占30%，基本薪资是每月都能固定拿到的，业绩薪资要完成业绩指标后才能拿到，而奖金则是对优秀员工的奖励。

◆ 高稳定性模式

基本工资占的比重很大，员工每月的工资收入很稳定，浮动工资主要是奖金或补贴，对工资总额的影响不大，如全勤奖、工龄补贴等。公司中的职能类岗位多采用这种薪资结构，这类岗位不会对业绩产生直接影响，工作成果较难量化，公司需要用高基本工资来保证员工的稳定性，如行政岗位、后勤岗位。因此，会将基本工资的占比设计得很高，如基本（固定）薪资占90%，奖金占5%，其他福利占5%。

◆ 折中类模式

薪酬结构既有一定的稳定性，又有一定的激励性，结构上比较灵活，如组合工资制，薪酬由基本工资＋技能工资＋绩效工资＋工龄工资＋其他补贴组成，能够多方面对员工实行激励。设计此类薪酬结构时，可以以员工能力或者岗位技能为导向，如岗位工资40%＋能力工资40%＋岗位补贴10%＋工龄工资10%。

3.3.2 试用期工资标准

试用期是公司与新员工互相了解、考察的期间，此阶段新员工的工作能力与正式员工会存在一定的差距，因此，试用期工资一般与正式员工的工资标准有所不同。《劳动法》第四十七条规定：用人单位根据本单位的生产经营特点和经济效益，依法自主确定本单位的工资分配方式和工资水平。所以，公司可以与新员工在劳动合同中约定试用期工资标准。但要注意不能低于《劳动合同法》规定的最低标准，《劳动合同法》对于试用期工资有以下规定：

> 第二十条　劳动者在试用期的工资不得低于本单位相同岗位最低档工资或者劳动合同约定工资的百分之八十，并不得低于用人单位所在地的最低工资标准。

从上述规定可以看出，试用期工资要满足两点，一是不能低于同岗位最低档工资，二是不能低于劳动合同约定工资的80%，且不能低于当地最低工资标准。最低工资是最低劳动报酬保障，不同地区的最低工资标准有所不同，具体可通过人力资源和社会保障部网站查看。

在约定试用期工资标准时，会涉及试用期长短的约定，这里需要注意，用人单位只能与同一劳动者约定一次试用期，对于试用期限，《劳动合同法》有以下规定：

> 第十九条　劳动合同期限三个月以上不满一年的，试用期不得超过一个月；劳动合同期限一年以上不满三年的，试用期不得超过二个月；三年以上固定期限和无固定期限的劳动合同，试用期不得超过六个月。
>
> 以完成一定工作任务为期限的劳动合同或者劳动合同期限不满三个月的，不得约定试用期。
>
> 试用期包含在劳动合同期限内。劳动合同仅约定试用期的，试用期不成立，该期限为劳动合同期限。

实践中，部分公司为方便解除劳动合同，会与新员工单独签订"试用期合同"，单独签订的试用期合同一般只约定试用期限，从上述内容可以看出，如果劳动合同中仅约定了试用期，试用期是不成立的，该期限为劳动合同期限。试用期长短与劳动合同期限有关，试用期最长不得超过6个月。

3.3.3　岗位绩效工资制

绩效工资制是一种以业绩为导向的薪酬体系，其特征是将员工的工资与个人绩效考核结果挂钩，使绩优者和绩劣者在工资收入上有差异，从而激励员工努力实现公司的目标。如下所示为某公司绩效工资制度。

___ **制度范本** 绩效工资制度

第一章 考核内容

第1条 绩效考核指标主要包括以下三方面。

（一）工作业绩考核指标：指各岗位员工通过努力所取得的工作成绩以及工作职责的履行情况。业务部门的工作业绩考核实行月度、半年和年度考核，职能部门的工作业绩考核实行季度、半年和年度考核。

（二）工作能力考核指标：指各岗位员工完成本职工作应该具备的各项知识和技能。工作能力考核实行年度考核。

（三）工作态度考核指标：指各岗位员工对所从事工作的认知程度以及为了完成工作愿意付出的努力程度。工作能力考核实行年度考核。

第2条 年度考核内容权重分配。

在对各模块员工进行考核时，工作业绩、工作能力和工作态度考核指标所占的权重见表3-8。

表3-8 年度考核内容权重分配

名称	工作业绩权重	工作能力权重	工作态度权重
业务部门负责人	80%	10%	10%
职能部门负责人	60%	20%	20%
业务部门员工	70%	15%	15%
职能部门员工	50%	20%	30%

第二章 考核对象与周期

第3条 根据公司员工工作层级和工作性质的不同，被考核者主要分为四个模块（见表3-9），不同的模块将采用不同的考核指标和考核周期。

表 3-9 考核对象

模块	考核对象
业务部门负责人	业务部门总经理、副总经理、业务经理
职能部门负责人	职能部门总经理、副总经理、职能经理
业务部门员工	业务部门负责人以下各级员工
职能部门员工	职能部门负责人以下各级员工

第 4 条 绩效考核周期分为月度、季度和年度，见表 3-10。

表 3-10 考核周期

周期	考核内容	考核对象
月度	工作业绩	业务部门各岗位
季度	工作业绩	职能部门各岗位
半年度	工作业绩	各部门所有岗位
年度	工作业绩、工作能力、工作态度	各部门所有岗位

第三章 考核结果的计算

第 5 条 部门考核结果的计算。

（一）业务部门月度考核成绩 = 部门月度绩效计划考核得分 ± 单项加减分。

（二）职能部门季度考核成绩 = 部门季度绩效计划考核得分 × 调整系数 ± 单项加减分。

调整系数见附件。

第 6 条 员工考核结果计算。

（一）业务部门绩效考核结果计算。

① 业务部门月度考核成绩 = 本岗位月度工作业绩考核得分。

② 业务部门半年度绩效考核得分 = Σ 上半年 6 个月工作业绩考核得分 ÷ 6。

③ 业务部门年度考核成绩 = 本岗位年度平均工作业绩考核得分 ×70%（80%）+ 本岗位全年工作能力的考核得分 ×15%（10%）+ 本岗位全年工作态度考核得分 ×15%（10%）。

括弧内为业务部门负责人的权重。

（二）职能部门绩效考核结果计算。

① 职能部门季度考核成绩 = 本岗位季度工作业绩考核得分。

② 职能部门半年度考核成绩 = Σ2 个季度工作业绩考核得分 ÷2。

③ 职能部门年度考核成绩 = 本岗位四个季度平均工作业绩考核得分 ×50%（60%）+ 本岗位全年工作能力的考核得分 ×20%+ 本岗位全年工作态度考核得分 ×30%（20%）。

括弧内为职能部门负责人的权重。

第 7 条 部门的考核成绩即为部门负责人的业绩考核成绩。

第 8 条 考核结果按得分的多少划分为"优秀""及格""差"3 个等级（见表 3-11）。

表 3-11　考核结果

等级	分值（x）	总体表现
优秀	$x \geqslant 80$ 分	工作绩效经常超越本职位常规标准要求，具有下列表现：在规定的时间之前完成任务，完成任务的数量/质量等大大超出规定的标准，得到相关部门的高度评价
及格	$60 \leqslant x < 80$ 分	工作绩效基本维持本职位常规标准，通常有下列表现：偶有小的疏漏，有时在时间、数量/质量上达不到规定的工作标准，偶尔有接到相关部门的投诉
差	$x < 60$	工作绩效低于常规本职位工作标准的要求，通常具有下列表现：工作出现大的失误，或在时间、数量、质量上达不到规定的工作标准，经常有投诉发生

第四章 绩效工资发放

第 9 条 绩效考核的结果主要作为员工绩效工资的发放依据，具体发放比例见表 3-12。

表 3-12　绩效工资发放比例

考核结果	优秀	及格	差
绩效工资发放比例	100%	80% ~ 60%	60% 以下

第五章 绩效考核结果的反馈

第 10 条　在考核过程中，员工如认为受到不公平对待或对考核结果感到不满意，有权在考核期间或知道考核结果 5 个工作日内直接向办公室提出申诉。

上述公司将员工的绩效分为了工作业绩、工作能力和工作态度 3 个考核指标，然后根据考核结果来计算员工的绩效工资，考核结果不佳的员工无法拿到全额绩效工资。

设计绩效工资制度时，比较关键的要点是绩效考核标准的制定要科学、公正、合理。另外，各档位之间的工资范围要有一定的差距，否则无法起到激励的作用，比如优秀、及格、差等级的绩效工资分别设计为 5 000.00 元、3 000.00 元、1 000.00 元。

3.3.4　员工薪酬的调整

公司在运营过程中，可以根据经营状况、员工表现、市场薪酬变化来对员工的薪酬进行调整，或者仅调整不合理的薪酬结构。薪酬调整涉及员工的切身利益，因此，在调整前要确认是否有调整的必要。

薪酬调整应该有章可循，要有明确的调薪对象和标准，不能盲目调整，否则可能引起员工的强烈不满，甚至影响公司业务的开展。公司可对薪酬调整的因素、程序、标准做出规范，让员工明确薪酬调整的原因、调整的规则等，以有效减少因调薪引发的纠纷、争端等。

有的员工可能会因为不理解、不认同调薪而产生负面情绪，这时要与员工有效沟通，告诉员工调薪的合理性，如下所示为某公司薪酬调整方案。

制度范本 员工薪酬调整方案

一、计划目标

为吸引并留住公司所需要的人才，使关键员工的保有率达到98%及以上，同时增强公司的薪酬水平竞争力，特制订本计划。

二、适用范围

本计划适用于除董事长、总经理及其他实行年薪制的人员以外的所有员工。

三、现状分析

1. 近几年来，社会平均工资持续上涨，本公司所在地平均工资已达××××元，较上一年度增长××%，从目前的情况看，本公司工资水平的竞争力较弱。

2. 从上一年度的工资及考核办法运行效果看，与预期的效果有一定的差距，主要原因是考核制度不完善，工作绩效与工资兑现脱节，对员工的激励效果不是太明显。

四、薪酬总量调整

鉴于社会平均工资上涨，结合本公司实际情况，建议公司对薪酬总量予以适当增加，以提高本公司薪酬的竞争力，幅度以本年度人工成本预算总量增加××%左右为宜。

五、调整重点

1. 调整公司部分工作岗位的薪酬水平，提高薪酬的外部竞争力。

2. 调整员工薪资构成比例，体现以岗位和职务为基础，按照贡献和绩效支付劳动报酬。

3. 简化公司和员工的薪酬等级，增大薪酬激励机制的弹性。

六、遵循原则

1. 经济性原则。

提高公司的薪酬水平，固然可以提高公司薪酬的竞争性与激励性，但同时不可避免地会导致公司增加人力成本。因此，公司在进行薪酬设计时，需考虑其实际承受能力的大小。

2. 对外竞争性原则。

公司薪酬水平在市场水平与公司支付能力之间保持相对平衡的同时，要达到吸引人才、留住人才的效果。

3. 对内公平性原则。

薪酬调整过程中要保持适度的薪酬差，既要对员工有激励作用，又要做到员工之间的公平。

七、薪酬调整实施

1. 岗位薪酬水平调整。

员工薪酬水平根据所在岗位不同，按照不同比例予以调整后，调整后员工的岗位工资见表3-13。

表3-13　员工岗位工资调整

岗位类别	原来工资额（元）	现在工资额（元）
领导类	5 000 ~ 8 000	6 000 ~ 10 000
管理类	3 000 ~ 6 000	3 500 ~ 7 000
专业技术类	2 000 ~ 5 000	2 500 ~ 6 000
业务类	1 200 ~ 2 000	1 500 ~ 2 500

2. 岗位工资层级调整。

（1）员工每年1月进行一次岗位工资层级调整，调整的主要依据是上年度绩效考核成绩。

（2）层级调整包括层级晋升、层级不变动、层级降低3种。凡年度绩效考核优秀者，岗位工资晋升一个层级；年度绩效考核改进者，岗位工资下降一个层级；年度绩效考核称职者，岗位工资层级不变。

八、薪酬调整后的反馈

在薪酬调整后，应及时反馈调整过的信息，及时发现问题，及时解决，确保达到预期的效果。

3.4　员工考核培训管理

现代公司的竞争也是人才的竞争，对员工进行考核培训是提高员工知识技能、业务能力的有效方法，员工的职业水平增强了，也能提升公司的综合竞争力，促进新公司的成长和发展。

3.4.1　试用期员工如何考核

对试用期员工进行考核，其目的是考察新员工是否符合岗位要求，同时也为新员工转正、解除劳动关系提供依据，以减少不必要的劳动纠纷。对试用期员工，可从以下几方面来实施考核。

- **工作态度**：主要考察新员工对待工作是否认真负责、积极主动等，对处于成长期的新公司而言，更需要对工作热情、能主动学习进步的人才，工作态度好的员工能尽力做好本职工作，不断反思，督促自我成长进步。

- **工作成果**：工作成果往往能直观地反映员工的工作能力，公司可以对新员工的工作结果进行评估，观察其在试用期内是否完成了工作目标，以及工作质量是否达到标准。

- **团队意识**：一个没有团队意识的员工往往很难融入团队，也无法团结同事，这样的员工即使工作能力很强，也难以在公司有长久的发展，所以在试用期内也有必要考察员工的团队意识。

新公司可以结合岗位特性来制订试用期员工考核标准，明确试用期员工的考核程序、转正条件等，如下所示为某公司试用期考核管理制度。

制度范本 试用期考核管理制度

一、目的

为加强对公司储备人员试用期内的管理，规范公司用人机制和提高公司人力资源管理的水平，特制定本管理规定。

二、 适用范围

适用于进入公司的储备人员。

三、 试用时间

试用时间以储备人员到人力资源部报到之日起算，一般为3个月，最长不超过6个月，试用员工对公司有突出贡献的，用人部门将反映其业绩的相关资料交人力资源部核实，经董事长或总经理审核批准后可以提前转正，但最少不得少于一个月。

四、 试用福利

4.1储备人员在试用期间原则上享受与正式员工一样的福利待遇，包括：生日蛋糕、中秋月饼等，但不包括保险、落户、托档等。

4.2储备人员到第一个试用岗位后，由该部门、该厂的统计或者秘书统计并代其领取厂服，并负责安排储备人员参加公司早会。

五、试用期跟踪管理

5.1人力资源部对储备人员实行项目制跟踪管理，储备人员每周四提交一份上周工作总结，由人力资源部定期收集并与储备人员进行面谈、沟通，并记录形成"储备人员定期面谈汇总表"。

5.2人力资源部根据项目制跟踪管理资料，每半个月进行一次汇总（详见"储备人员信息汇总表"）。

六、 试用考核

人力资源部对储备人员试用期表现进行考核，其考核结果与员工转正工资（具体级数的金额由人力资源部另定）直接挂钩，考核结果的评定标准（含下限不含上限）：

考核结果90分以上，按期转正，晋升工资3级。

考核结果80～90分，按期转正，晋升工资2级。

考核结果70～80分，按期转正，晋升工资1级。

考核结果60～70分，按期转正，不予晋升工资。

考核结果低于 60 分，试用不合格，不予聘用（详见"试用期员工考核表"）。在试用期内，对明显不适合某岗位或不适合录用的人员，试用部门可以提前向人力资源部提交报告，经部门主管和人力资源部同意后，安排在其他岗位试用或提前辞退试用员工。

七、试用转正

人力资源部在储备人员试用期满一周前，根据"试用期员工考核表"做出同意转正或不予聘用的决定，并向其发放"试用期转正通知单"，要求其提交试用期工作总结和填写"试用鉴定表（管理人员）"，依人事审核权限报请相关部门审批。

八、执行

8.1 本制度由人力资源部负责制定及解释，经董事长审批签发。

8.2 本制度自 20×× 年 ×× 月 ×× 日起正式执行。

3.4.2　正式员工的绩效考核

绩效考核是对员工的工作行为、工作业绩进行评估的一种方法。在公司绩效管理中，绩效考核结果往往与员工工资、晋升、培训、辞退挂钩，考核的目的是督促员工完成绩效目标，促进员工成长。

对员工实施绩效考核要制定适合本公司的考核标准和指标，以有效评估员工的工作行为和结果，常用指标有工作业绩、工作能力、工作态度等，见表 3-14。

表 3-14　某公司绩效考核评估表

姓名：　　　　部门：　　　　岗位：　　　　评价日期：

评价项目及考核内容		分值	综合评审
工作任务（30%）	在监督下，偶尔不能完成任务	15 以下	
	在指导下能完成任务	15 ～ 22	
	能保质保量，提前完成任务	23 ～ 30	

续表

评价项目及考核内容		分值	综合评审
处理能力（10%）	迟钝，理解判断力不良，经常无法处理事务	5以下	
	理解判断力一般，处理事务不常有错误	5～7	
	理解力极强，对事判断极正确，处事能力极强	8～10	
工作技能（10%）	工作技能无改善，勉强能完成任务	5以下	
	偶尔在工作方法上有改进	5～7	
	工作作业改善方面，经常有创意性报告并被采纳	8～10	
工作协调（15%）	工作散漫不肯与别人合作	8以下	
	肯应他人要求帮助别人	9～11	
	与人协调无间，为工作顺利完成尽最大努力	12～15	
工作勤惰（10%）	借故逃避工作，频繁脱离工作岗位	5以下	
	守时守规不偷懒，能按时工作	5～8	
	对待工作认真负责，主动意识强	9～10	
工作质量（15%）	在指导下工作，仍有错误	7以下	
	偶有工作错误，经常改善	7～13	
	无工作错误，并经常改善	14～15	
纪律性（10%）	时常迟到早退，被指正时态度傲慢	5以下	
	偶有迟到或请假，但上班后工作兢兢业业	5～7	
	自觉遵守和维护公司各项规章制度，积极配合	8～10	
综合得分： 评价者签字： 日期： 年 月 日			

3.4.3 有计划地培训员工

员工培训是公司为建立核心人才队伍，提高团队整体的竞争力和活力，所进行的一项管理活动。为保证人才培养、培训激励的有效性，员工培训要有计划、有目的地实施，按照培训目的的不同，员工培训可以分为3个层次。

- **以岗位胜任为目的的培训**：是大多数公司实施培训的主要目的，培训内容会比较有针对性，一般为岗位工作必备的知识、技能、方法等，培训对象常为试用期员工、职场新人。

- **以提升能力为目的的培训**：培训的目的是提升员工的一般职业能力，如沟通能力、销售能力、写作能力等，培训对象主要为职场新人、普通正式员工、部门主管。

- **以提升核心能力为目的的培训**：其目的是提高员工的核心专业能力，核心能力上有优势，能使员工适应更高层次职业和岗位的要求，培训对象一般为技术骨干、中高层管理人员、有发展前途的核心人才。

培训目的不同，培训的内容、对象和形式也会有差异，公司要建立适合自身发展的培训体系。员工培训的形式有内部培训和外部培训两种，组织内部培训时，常用的方法有以下几种。

（1）讲授法

通过口头讲授的方式对员工进行培训，适用于专业知识培训、道德素质培训、文化制度培训等。讲授法运用起来比较方便，其优点是能同时对多人进行培训，培训讲师可以由部门主管、优秀员工、人力资源部管理者、总经理担任。运用讲授法时，要注意内容的条理性和系统性，讲师的语言表达要清晰准确。

（2）案例研讨法

培训时提供合适的案例让员工探讨，以训练员工处理问题的能力。比如针对销售岗员工，准备一个真实的销售案例，然后提出问题，让员工给出解决问题的方法，最后由讲师进行总结和点评。案例研讨法能够帮助员工学习分析问题和解决问题的技巧，在运用时，要注意案例的设计，案例要与培训内容和需求相关，一般建议选择真实发生的案例，这样的案例更真实可信，也更具有研讨的意义。

（3）演示法

是指在工作岗位上采用一边演示、一边讲解的方式对员工进行培训，演示形式有分解演示、全程演示、快速演示、慢速演示等，演示时尽量让员工看清楚、看懂，并且能够记住，这样才能实现培训的目的。演示法适合程序化，易操作，有规范流程的工作，如生产作业类培训，可在生产现场对员工进行一对一或一对多的培训。

（4）小组讨论法

由培训讲师提出一个问题，然后分小组或集体进行讨论。使用讨论法时要安排好讨论的议题以及程序，选择的讨论主题要注意难易程度，太简单的问题无法发挥培训、启发的作用，太难的问题可能会使员工陷入沉默，讨论法的关键是要让每一位员工都能思考，参与讨论，以增强培训效果。讨论过程中可能会出现场面混乱的情况，这时培训讲师要及时控场协调，让小组讨论能够正常进行下去。

✎ 实务答疑

问：新公司采用因人设岗，还是因事设岗策略？

答： 因人设岗和因事设岗是现代企业用人的两种策略，这两种策略并非简单的替代关系。对新公司来说，首先要确保公司的正常运营，以实现经营目标，这时可采用因事设岗的策略，根据业务需求、工作量来招聘用人，这种策略不会增加企业的用人成本，且分工明确，岗位职责分明。等到公司有了一定的成长和发展后，内部的人力资源管理体系也会日渐成熟，这时公司业务、发展目标、行业趋势也会发生一定的变化，此阶段可以采用因人设岗策略，比如公司有一名摄影方面很出色的员工 A，过去任职行政专员职位，随着市场竞争的变化，很多企业都开始布局短视频营销推广，这时公司采用因人设岗策略，为员工 A 新设立一个短视频运营岗位，让其担任短视频运营专员，负责公司短视频拍摄、制作和营销工作。针对特殊、稀缺的人才，也可以采用因人设岗策略，为人才专门设立一个岗位，让合适的人去做合适的事。但是因人设岗更适用于公司开展新项目、尝试新方向、调整经营模式等，新设公司建议先采用因事设岗策略。

问：为什么要提前进行人力资源规划和储备？

答： 不少新公司在进行人员招聘管理的过程中，采用的是什么时候需要人什么时候再招聘的策略，简单来说就是"临时抱佛脚"。这样的招聘方式容易导致公司为了满足紧急招聘的需求而降低用人标准，使得匆忙招聘进来的人不能很好地胜任岗位工作，又进一步提高离职率，导致公司陷入恶性循环中。从发布招聘信息、等待投递、筛选简历、邀约面试到确定录用，招聘工作的开展是需要时间的，公司要保证招聘的质量，减少离职率，就要具有前瞻性思路，提前进行人力资源规划和储备。根据公司的人才现状、发展目标制订招聘计划，建立备选人才数据库和人才储备梯队，避免匆忙紧急招聘导致人岗不匹配，也避免核心人才流失给公司带来负面影响。

问：关于加班工资有哪些规定？

答： 《劳动法》第四十四条，有下列情形之一的，用人单位应当按照下列标准支付高于劳动者正常工作时间工资的工资报酬：（一）安排劳动者延长工作时间的，支付不低于工资的百分之一百五十的工资报酬；（二）休息日安排劳动者工作又不能安排补休的，支付不低于工资的百分之二百的工资报酬；（三）法定休假日安排劳动者工作的，支付不低于工资的百分之三百的工资报酬。

第 4 章

建立公司日常管理规章制度

公司内部管理混乱会为公司长远发展带来很多隐患，新公司成立后，会进入快速发展期，在此期间公司要逐步完善内部的管理体系，规范化、系统化公司规章制度，公司的管理效率提高了，也能激发员工工作的积极性，为公司成长发展提供有力支持。

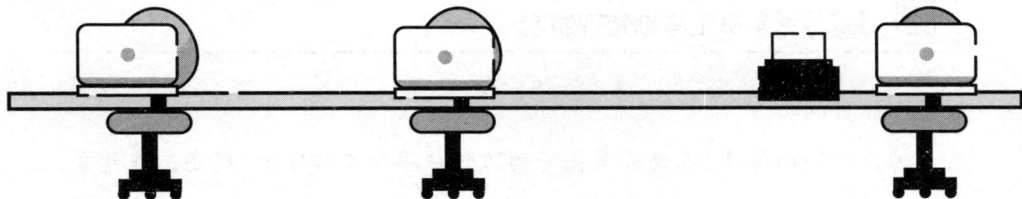

4.1　员工日常管理

良好的员工管理能够有效提高工作效率和职员素质，在职场中，也并不是所有的员工都能很好地进行自我管理，如果没有对员工的工作行为进行规范，很容易让团队养成不良工作习惯，进而影响公司的运营。

4.1.1　对员工日常出勤的管理

考勤管理是最基本的员工管理工作，主要是对员工的上下班时间、请假、外出等行为进行规范。考勤看似简单，但实际管理起来并不轻松，如果员工工作量大，排班、调班复杂，更容易导致考勤管理变得混乱。那么公司要如何解决考勤管理问题呢？具体要把握以下几点。

①建立健全公司的考勤管理机制，对考勤各项细则做出具体规定。

②以约束＋激励的方式对考勤进行管理，用考勤制度约束员工，同时促进考勤的激励管理，如奖励全勤的员工。

③善用现代化考勤工具，解决人工考勤数据不准确，容易出错的问题，提高考勤管理效率。

④管理者要重视公司的考勤管理，并做好表率和监督，所有员工一律公平对待。

落实考勤规章制度时，要结合公司实际，在有纪律约束的前提下，体现出人性化，如针对行政班和倒班制员工，考勤的规定应不同，对于外出办事的员工，可以允许进行手机打卡等，如下所示为某公司考勤管理制度。

制度范本 员工考勤管理制度

一、目的

为严肃劳动纪律，保证公司良好的工作秩序和工作环境，提高工作效率，特制定本制度。

二、适用范围

公司全体员工。

三、工作职责

人力资源部负责本制度的制定、修订，并负责月度考勤管理。

四、程序

1. 工作时间

周一至周五，上班时间为上午 8:00 ～ 12:00，下午 13:30 ～ 17:30。

生产中心及各车间可根据生产实际情况进行调整。

2. 考勤

公司员工实行上下班打卡考勤制度。员工因公出差、临时外出需打外勤卡，应在 OA 平台走审批流程。

3. 迟到、早退

3.1 上班后 30 分钟内到班者，为迟到；超过 30 分钟以上者，按缺勤半天处理。

3.2 提前下班离厂视为早退，超过 30 分钟者按缺勤半天处理。

3.3 迟到或早退每次扣款 20 元。当月累计迟到、早退超过 3 次者，每超出一次，每次扣款 100 元。

3.4 工作时间每天打卡不满 2 次视为当天缺勤。

4. 旷工

4.1 对旷工员工除扣除当日工资外，另减发一天工资。

4.2 连续旷工 5 天（含 5 天）或一年内旷工累计超过 10 天（含 10 天）者，视为严重违反公司规章制度，予以辞退。

5. 加班

公司提倡员工提高工作效率，因低效及能力原因完不成本岗位工作而产生的延时，不作为加班；因增加非计划内工作且必须在限定时间内完成时，可申请加班。加班的最终审批权为公司各中心总经理。员工加班也需按规定打卡，没有打卡记录的加班公司不予承认。各部门应严格控制加班，出现加班时，原则上安排员工调休。

6. 病、事假

6.1 员工请事假没有工资。事假权限：各车间主任、部长权限为 3 天，请假超过 3 天由公司各中心总经理批准。

6.2 员工因病休假期间公司支付一定的工资。

6.3 员工因病休假应提供以下证明资料。

县级以上医疗机构出具的住院证明、出院证明、诊断证明、医疗费用发票、病历等证明文件。

6.4 其他规定。

6.4.1 凡弄虚作假病休的，视为严重违反公司规章制度；一经查实，予以辞退处理。

6.4.2 以上各类休假均需在企业微信或钉钉上提交申请单，一线员工提交纸质请假条，口头请假无效，无任何手续或请假未获批不上班者，按旷工处理。

五、附则

1. 本制度由人力资源部负责解释。

2. 本制度自 ××××年××月××日起执行。

4.1.2 规范化员工请假程序

员工在工作过程中可能会因为各种原因需要请假，对公司管理者来说，比较头疼的是员工频繁请假。遇到此类问题，要看公司是否缺乏相关的请假制度，公司管理应该制度先行，如果没有规范的请假制度，那么要先完善相关制度。公司请假程序和规定一般可在考勤制度中进行规范，除休息日和法定节假日外，员工请假一般都应要求提前申请并提交请假单，请假期满后办理销假，如表 4-1 所示为请假单模板。

表 4-1 请假单

姓名		部门		职务	
请假类别	□病假　　□事假　　□婚假　　□丧假　　□产假　　□工伤假　　□年休假 □其他				
事由说明					
请假时间	年　月　日　时至　年　月　日　时止，共计　　天				
部门经理审批：			人事部审批：		
总经理核准：			人事部备案：		
销假	我于　　年　月　　日到岗上班，特此销假。 　　　　　　　　　　　签字：　　　　　　　　年　月　日				

实践中，员工可能会因不可预见的原因无法提前提交请假单，针对此种情况，可规定应打电话向部门经理请假并获得准许，事后补办请假手续。为避免员工在实际工作中不走请假流程，公司可以在规章制度中明确没按规定请假的处理规定，如以下内容。

员工半天以上没有到岗并且没有请假者记为旷工，对于旷工按以下方式处理：①责成其做出书面检讨。②旷工1天扣工资50元；旷工3天以上，每增加1天，加扣当月工资的10%。③连续旷工15天或一年内累积旷工30天，或旷工虽未达到上述天数，但次数较多，情节严重的，公司将予以辞退。

现实生活中，因请假问题而产生劳动纠纷的案例很常见，公司对员工请假享有批准权，但是，这种权利要求公司自身有完善的规章制度，所以，公司要规范化自身的请假、休假程序及审批权限。

法定假日、婚假、丧假、产假、年休假等是法律规定劳动者应享有的合法权益，对于员工的合法权益，公司应予维护，但也要在规章制度中明确休假的程序、情形和天数等。

知识贴士 员工带薪年假的天数

　　根据《职工带薪年休假条例》，机关、团体、企业、事业单位、民办非企业单位、有雇工的个体工商户等单位的职工连续工作 1 年以上的，享受带薪年休假（以下简称年休假）。职工在年休假期间享受与正常工作期间相同的工资收入。职工累计工作已满 1 年不满 10 年的，年休假 5 天；已满 10 年不满 20 年的，年休假 10 天；已满 20 年的，年休假 15 天。国家法定休假日、休息日不计入年休假的假期。

4.1.3　加班管理提高工作效率

　　加班也是员工管理中常遇到的问题，加班管理本质上是对员工的工作时间进行管理，《劳动法》中对加班有以下规定：

　　第四十一条 用人单位由于生产经营需要，经与工会和劳动者协商后可以延长工作时间，一般每日不得超过一小时；因特殊原因需要延长工作时间的，在保障劳动者身体健康的条件下延长工作时间每日不得超过三小时，但是每月不得超过三十六小时。

　　公司可以在考勤制度或加班管理规定中对加班进行界定，明确加班的原则、程序等，保证加班的必要性，如下所示为某公司加班管理制度。

制度范本 加班管理制度

　　一、目的

　　为规范加班管理，根据《劳动法》及相关法规，结合本公司实际情况，特制定本规定。

　　二、适用范围

　　本规定适用于公司全体员工。

三、加班的含义及原则

（一）含义

加班指在规定工作时间外，因项目需要或主管指定，必须继续工作的，称为加班。

（二）原则

1.公司提倡高效率的工作，鼓励员工在工作时间内完成本职工作任务，原则上不提倡加班，如因处理工作时间内未完成的本职工作或本人工作疏忽而未完成的工作，不计加班。

2.严格控制加班加点的时限，保证员工的休息时间。

3.因公司特殊情况需要临时加班的，公司所有员工必须服从命令。

四、加班申请及记录

（一）工作日加班

需在实际加班当日下班前填写《加班审批单》，经所在部门主管或分管领导审批同意后方可计加班。

（二）双休日加班

员工需在星期五下午下班前如实填写《加班审批单》，经所在部门主管或分管领导审批同意后方可计加班。

（三）节假日加班

员工需在实际加班前的最后一个工作日下班前填写《加班审批单》，经所在部门主管或分管领导审批同意后方可计加班。

（四）公司统一安排加班者

不需另外填写《加班审批单》，由综合管理部统一汇总。

为了更好地培养员工做计划的习惯，公司将强制执行加班需要提前申请的做法，因此，如果不能在规定时间提前递交加班申请的员工，原则上其实际加班时间将视为无效。

（五）紧急任务

特殊情况需要临时计划加班者，被加班人直接领导需提前发邮件给综合管理部加以说明，员工在加班后实际上班的第一个工作日内补办手续。

（六）加班打卡

无论是工作日、双休日或是节假日加班，员工均应如实打卡，记录加班时间。

五、不列入加班的情形

1. 因业务不熟练而延长工作时间。

2. 正常工作时间以外阅读技术材料、参加培训或公共活动。

3. 员工出差期间不允许申报加班。

4. 其他情况。

六、统计

考勤统计员在每月末汇总加班统计，并作为安排调休和发放加班补偿的依据。

七、加班补偿

1. 员工周末加班或因公司项目的紧迫需要而统一强制性加班，原则上都采取调休的方式进行补休。

2. 安排员工在法定节假日（五一/国庆/元旦/清明/端午/中秋/春节）加班，采取发放加班工资的方式进行补偿。

3. 加班调休原则上一年内必须调休完，一年内不能安排员工调休的，将发放加班补贴。

4. 调休时间对应加班时长来安排。

八、附则

本制度由 ×× 部制定，经公司办公会议核准后予以实施。

4.1.4 做好员工的出差管理

许多公司因为经营性质、行业等原因，需要员工出差完成工作。在对出差员工进行管理时，会遇到工作日/节假日出差、出差考勤、出差审核等管理问题。要解决这些问题，需要公司建立规范的出差管理制度，如下所示为某公司出差管理制度。

制度范本 出差管理制度

第一章 总则

第1条 目的

为了进一步规范企业员工出差管理工作，强化成本管理意识，合理控制差旅费开支，特制定本制度。

第2条 审批程序和权限

员工出差时应填写《出差审批单》，并按以下权限进行审批。

（1）总经理出差，报请董事长审批。

（2）企业领导班子成员出差，报请总经理审批。

（3）部门负责人出差，报请总经理审批。

（4）其他人员出差，报请企业分管领导审批。

（5）国外出差，一律由总经理核准。

第二章 出差管理细则

第3条 因公务紧急，未能履行出差审批手续的，出差前可以电话方式请示，出差归来后补办手续。

第4条 出差人员因特殊原因无法在预定期限返回销差而必须延长滞留的，根据出差者申请，经调查无误后支出差旅费。

第5条 出差人员交通工具除可利用企业车辆外，以利用火车、汽车为原则。但因紧急情况经总经理核准者可乘坐飞机。

第6条 使用企业交通车辆或借用车辆者不得申领交通费。

第7条 出差标准规定

（1）出差费用标准：实行限额标准内实报实销，具体标准见表4-2。

表 4-2　出差费用标准

费用标准		总经理	副总经理	各部门经理及主管	一般员工
交通费		实报	实报	软卧实报或机票的 ×%	硬卧实报
每日住宿费		实报	实报	×× 元以内	×× 元以内
每日餐费	早餐	实报	实报	×× 元以内	×× 元以内
	午餐、晚餐	实报	实报	×× 元以内	×× 元以内
每日杂费		实报	实报	×× 元以内	×× 元以内
业务必要开支		实报	实报	实报	实报

（2）出差时的招待费用

确因工作需要招待客人时，各企业、部门要根据不同客户和人数，本着既节约又能办好事的原则，对单笔支出超过 ＿＿＿＿ 元以上的招待费必须先请示部门经理；超过 ＿＿＿＿ 元以上的招待费必须先请示总经理同意，报销时按财务相关规定报销。

第三章　出差费用报销

第 8 条　出差人员返回企业后，＿＿＿＿ 天内应按规定到财务部报账。填写《差旅费报销单》，并将原始发票粘在所附凭单上，由经办人签字，部门经理、财务人员签字后，报总经理审批，予以报销。

第四章　附则

第 9 条　出差人员要实事求是，如发现弄虚作假，一律按企业有关规章制度严肃处理。

第 10 条　本制度经总经理办公会通过后施行，修改时亦同。

第 11 条　本制度自颁布之日起执行。

4.2　员工激励管理

对于初创公司来说，留住那些优秀的、具备关键技能的员工是很重要的。

员工激励就是一种留人的手段，另外，有效的激励也能调动员工工作的主动性和积极性。

4.2.1　激励员工的八种有效方式

目前，员工的需求呈现多样化趋势，这使得不同的激励手段对员工产生的激励作用可能大不相同，一般认为，将不同层级的激励方式动态融合，相比单一的激励手段，更能让员工长久地保持工作激情。员工激励的常用方式有以下几种。

◆　物质激励

物质激励是指运用物质手段来激励员工，包括薪酬激励、奖品激励、股权激励。薪酬激励是公司普遍运用的一种激励方式，能够满足员工基本的生活需要，对大多数员工而言，物质激励是其工作的主要动力。物质激励可以帮助公司吸引、保留人才，但也有一定的局限性。激励作用具有短时性，员工可能因为过于注重个人收益，而不重视团队协作、互相帮助等。

◆　晋升激励

晋升激励是指以职位提升的方式来激励员工。对于优秀的员工，公司除了可以在物质上进行激励外，还可以打开员工职业发展晋升通道，通过晋升来激励现有员工提升工作能力，树立主人翁意识。要利用晋升来激励员工，首先要规范晋升的途径，即明确晋升的路径。晋升路径是指岗位未来的晋升方向，如图 4-1 所示为某公司职员晋升路径。

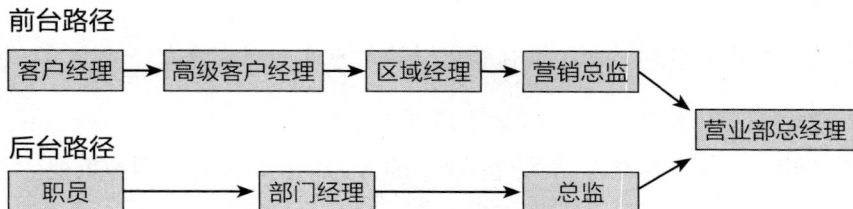

图 4-1　某公司职员晋升路径

其次，要明确晋升的标准，一般包括岗位的任职资格要求、能力要求和绩效要求。

◆ 榜样激励

榜样激励是一种精神激励，是指对优秀或者业绩突出的员工加以肯定和表扬，在员工中树立榜样人物，运用榜样激励法可分 3 步走。

①树立一个好的榜样，确保榜样实至名归。

②宣传榜样事迹，使榜样真正起到引领示范的积极作用。

③对榜样进行奖励，如物质奖励、表彰等。

◆ 目标激励

目标也可以激发员工不断前进，目标激励的关键在于目标是否恰当，只有适当的目标才能发挥激励的作用，运用目标激励法时，要注意目标实现的难易程度。另外，员工目标应与公司目标一致，这样才能让团队为实现公司目标而共同努力。

◆ 尊重激励

尊重激励也属于精神激励的一种，是指管理者以平等、尊重的态度对待员工。在现代公司管理中，尊重激励越来越具有现实意义，尊重属于较高层次的需求，管理者发自内心尊重员工，能让员工感受到被认可和尊重，从而自发地为公司付出工作的热情。相比物质方面的激励，尊重激励也能在公司内部营造良好的工作氛围，管理者可以从以下几方面来恰当地对员工表达尊重。

①工作中礼貌对待员工，礼貌可以使对方感受到被尊重。

②当员工出现工作失误或者工作能力不足时，不要嘲笑、轻视员工，可以采用"一起想办法""共同解决"的方式来让员工感受到被重视。

③平等对待员工，包括尊重员工的人格、不诋毁员工、不嘲弄员工等。

④接纳员工，接纳和自己想法、性格相同的员工，同时也接纳与自己的思维、做法不同的员工。

◆ 竞争激励

竞争激励是一种行为激励法，通过在公司内部引入竞争机制来调动员工的积极性。大多数公司常用的竞争机制是 PK 机制，通过部门与部门、员工与员工的 PK 来激励员工，PK 的项目可以是业绩、产量等。既然要 PK，那么就要有相应的奖励，有了奖励才能激发员工 PK 的热情。运用 PK 机制，要明确 PK 的对象、内容、程序、周期、规则和奖励等。

除 PK 机制，还可以采用积分赛、赏优罚劣等竞争机制，不管采用何种竞争机制，其目的都是为了让公司内部形成"学、追、赶"的积极氛围。但是竞争激励也存在一定的弊端，成员之间可能会因为竞争而产生摩擦、冲突，导致团队的凝聚力降低。

◆ 赞美激励

赞美也是一种很好的激励方式，有的管理者在工作中很少赞美员工，认为赞美会对员工业绩的提高没有什么作用。实则不然，每一位员工都有被认可、肯定的需求，赞美可以强化员工的工作动机，让员工有一个良好的工作情绪，从而进一步奋发向上。

从成本来看，赞美是一种低成本的激励方式，其带来的激励效果却往往很有效。管理者不要吝啬对员工的赞美，多称赞、鼓励员工，提高员工工作的自信心。需要注意，赞美要实事求是、真诚，虚假的赞美无法起到激励的作用，这要求管理者要了解自己的员工，去发现员工的优点和长处。

◆ 奖惩激励

奖惩激励是指在公司内部建立奖罚制度，利用奖励或惩罚的方式来激励员工。奖惩的方式可分为物质和精神两种，奖励一般有现金奖励、荣誉奖励、机会奖励等，惩罚一般有经济处罚、批评处罚、检讨处罚等。

实施奖惩激励，事先应明确奖惩的对象、标准、程序、方式等，并将奖惩制度向全员公开，这样才能让奖惩激励发挥作用，否则可能会引起员工的不满，甚至带来劳动纠纷。

4.2.2　对人才梯队的有效激励

公司员工有着个体上的差异，有的员工看重金钱，有的员工需要职务上的晋升。激励要因人而异，公司可以对人才结构进行分类，区分普通员工和关键人才，对不同类型的员工实施"差别化激励"，通过激励来留住核心员工。那么什么样的员工才是公司的核心员工呢？

整体上来看，核心员工通常在公司担任重要岗位，短时间内无法找到合适的替代者。另外，能够帮助公司提高竞争力，在未来可能成为业务骨干的员工也是关键人才。

核心员工一般占公司员工的 20% ～ 30%，按照岗位重要性、人才稀缺性和人才的价值，可将公司员工分为四类。

- **核心人才**：一般是公司的骨干，在关键岗位承担着核心业务，如公司核心的销售人才、管理人才、技术人才等，这类人才拥有核心能力，对公司有很高的价值也很稀缺。也可以按照职位层级或业绩高低来确定核心人才，职位层级越高、业绩越好的员工越可能是公司需要储备的核心人才。

- **优秀员工**：有工作能力和一定的专业技术的员工，这类员工有能力，但可能工作使命感较弱，或者在公司长期发展的意愿不强。此类员工有上升为核心人才的潜力，可以给予机会成长，并提高其员工忠诚度。

- **一般员工**：工作上能够达标，能力上有提升空间，有培养的潜质，对于此类员工，公司可以提供向上的发展空间，进一步观察其成长发展的可能性。

- **新员工**：处于试用期或者刚转正不久的员工，短期内还看不到员工的潜能，可以在培养过程中观察。

对员工进行分类后，接下来分析员工的需求，针对不同类型的员工采用不同的激励方式。

如新员工、一般员工对物质方面的需求会比较强烈，对此类员工以物质激励为主，精神激励为辅。优秀员工可能更渴望职业晋升，获得认可和尊重，可以注重晋升、榜样、尊重激励。核心人才比较重视事业发展机会以及薪酬稳定性，可以考虑股权激励、奖金激励、晋升激励、目标激励等激励方式。

总之，公司的激励机制应该以人为本，不能忽视员工的自身需求，有效的激励机制应该充分考虑员工的个体差异，这样才能保证激励的有效性。公司在建立激励机制时，还应注意以下两点。

（1）物质激励与精神激励结合

传统的激励机制多以物质激励为主，通过发放工资、奖金，扣罚工资的方式来激励员工，其中，发放工资、奖金为正激励，扣罚工资为负激励，这种激励手段是公司普遍使用的一种激励方式。物质激励直接、高效，但也有一定的局限性，过度的物质激励会增加公司的成本，不利于培养员工的使命感和进取心，使激励低效甚至无效。

我们知道，人不仅有物质需求，还有精神上的需求，因此，公司要把物质激励和精神激励结合起来，通过两种激励方式的结合为公司培养有责任感和奉献精神的团队。特别是要注重对核心人才、优秀员工的精神激励，物质落地的同时给予员工尊重、赞美以及职级晋升，这样才能真正地调动员工的积极性。

（2）建立多元化、多层次的激励机制

要避免单一的激励机制，公司可以结合自身实际建立多元化、多层次的激励机制。随着公司的发展，时代的变化，激励的形式也可以不断变化，如某公司针对高层次人才，采用薪酬激励＋晋升激励＋精神激励＋保障激励的方式。随着社会的发展，员工也越来越注重养老、医疗等保障，该公司考虑到这一变化，为特殊人才实施保障激励，使员工能全身心投入工作中。

4.2.3　建立员工激励制度

从人力资源管理的角度来看，仅仅以规章制度来约束员工，并不能充分发挥员工的潜能。新公司想要充分调动员工的主动性和创造性，需要建立有效的激励机制，如下所示为某公司激励制度，供管理者借鉴参考。

制度范本 员工激励管理制度

第一条　目的

为形成良好工作导向，对日常工作中出现的先进或后进个人和集体及时进行激励，保证公司各项管理目标顺利完成，特编制××××公司激励管理制度，请相关部门及人员严格遵照执行。

第二条　适用范围

××××公司全体员工。

第三条　激励管理的原则

一、奖励为主、处罚为辅的原则。

二、精神奖励为主，物质奖励为辅的原则。

三、处罚以"不贰过"为基本原则。

四、即时奖励和定期奖励相结合的原则。

五、激励必须符合《员工守则》相关规定。

第四条 奖励项目及标准

一、奖项

表 4-3 奖项汇总表

奖项汇总表							
序号	类型	名称	周期	数量	一等奖	二等奖	三等奖
1	部门	最佳执行力部门	季度	1	10 000		
2	部门	最佳改善部门	季度	1	10 000		
3	部门	最佳执行力部门	月度	1	6 000		
4	部门	最佳管理改善部门	月度	1	6 000		
5	个人	敬业之星	季度	1	2 000		
6	个人	诚信之星	季度	1	2 000		
7	个人	奉献之星	季度	1	2 000		
8	个人	利他之星	季度	1	2 000		
9	个人	金点子奖	季度	3	2 000	1 000	500
10	个人	最佳成长新员工	季度	1	2 000		
11	个人	最佳带徒奖	季度	1	2 000		
12	个人	最佳成长新员工	月度	1	1 000		
13	个人	岗位能手	月度	3	1 000		
14	个人	最佳管理者	月度	1	1 500		
15	个人	最佳业绩标兵	月度	1	1 000		
16	综合	总经理特别奖	季度	不限	根据实际情况确定		
备注：奖金以现金形式发放，单位为元							

二、个人项目有下列情况之一者，取消评比资格：

1. 季度出勤率 ≤ 90% 者（出勤率 = 实出勤 / 应出勤 × 100%）。

2. 出现安全、道德考核项的。

3. 因工作失误，给公司造成经济或名誉损失者。

第五条 奖励管理

一、审报要求

1. 必须填写申报材料并提交电子版本资料。

2. 申报内容必须属实并填写具体事例。

3. 各项奖项除规定外全部按照一个名额提报。

4. 月度评优材料必须在月度最后 3 天前提交。

5. 季度评优材料必须在季度最后 3 天前提报。

6. 评优材料必须经部门负责人审核批准后提交。

二、评选要求

1. 部门标准根据公司标准确定。

2. 各项奖项标准必须全部满足条件，方可作为候选人参加公司评选，无人满足时奖项空缺。

三、评选原则

1. ×× 办公室负责各项候选人资格审查并提交候选人名单。

2. 由总经理、×× 办公室主任、各部门负责人组成评价小组投票确定。

3. 评选结果通过季度改善会议颁奖并进行激励。

第六条 本制度请各部门严格执行，×× 办公室负责监督落实，并对出现的问题进行及时通报处理。

第七条 本制度自公布之日起执行

4.2.4 新公司应避开的激励误区

新公司在建立激励机制的过程中，要注意避开一些常见的激励误区，包括以下三大误区。

◆ 只关注结果，不注重过程

这种陷阱常常出现在目标激励上，一般是设置一个既定的目标，只要达到了目标就给予员工相应的奖励，而不关注目标的实施过程。员工激励只关注结果，而不注重过程，这样的激励可能不利于内部流程的改善，也可能导致结果并不理想。

以电话销售岗位为例，某公司设置了每月外呼 500 个电话量的目标，只要完成了目标就能获得奖励，过程一概不问。结果公司员工为了达到目标而忽视了电话服务质量，电话的通话时长普遍未达到 10s，客户流失率也很高。过分强调结果激励的作用，可能让员工忽视行动过程，甚至做出错误的行为，因此，公司在关注结果时，也要注重过程管理，将过程指标和业绩目标结合起来，确保完成目标所采取的措施是有效且正确的。

◆ 认为激励就是奖励

激励分为正激励和负激励，部分公司在设计激励机制时，往往只考虑正向的奖励式激励，而忽视了约束和惩罚措施。公司的激励机制可以奖励值得发扬的行为，对错误、违规行为也要善于利用处罚措施来约束，如下所示为某公司奖惩制度的部分内容。

一、奖罚形式

奖励：口头表扬、公司通报表扬、经济表扬、晋升工资、晋职。

处罚：口头警告（书面记过）、公司通报批评、经济处罚、解雇。

二、奖励标准

嘉奖一次 10 ～ 500 元不等（酌情），晋升工资在原有工资的基础上上涨 50 ～ 200 元不等；晋升原则上升一级，如有特殊贡献或能力突出者，可酌情晋升。

三、奖罚程序

由该员工直接上级或公司办公室根据事实提出建议，并填写《奖罚单》，经当事人确定后报请各级领导审批，由行政部门备案。

◆ 同样的激励适合所有人

这是许多新公司在实施激励措施时容易存在的误区，即没有对员工的需求进行分析，全体员工采用同样的激励手段。前面介绍过，人的需求是多样的，在管理实践中，有效的激励要建立在对个人需求的认知上，公司的激励机制要避免单一化和同质化。

4.3　员工沟通管理

人力资源管理离不开沟通这一工具，有效沟通能提高办事效率，确保工作任务高质量完成。新公司成立后也会遇到各种问题，这些问题常常也需要通过沟通来解决，管理者要认识到有效沟通的重要性。

4.3.1　如何做员工沟通管理

员工沟通可以细分为8个阶段，这8个阶段构成了员工沟通的管理体系，如图4-2所示。

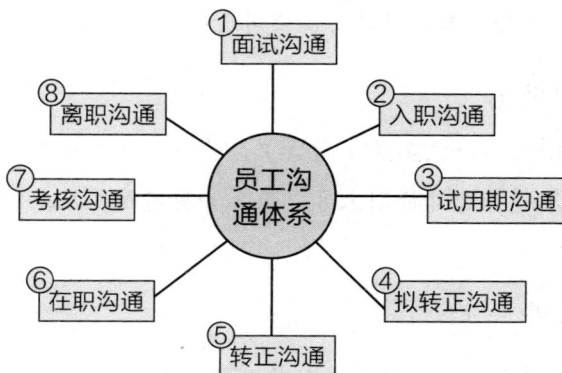

图4-2　员工沟通体系

在不同的阶段，沟通的内容和需要注意的事项都有所不同，具体见表 4-4。

表 4-4　沟通内容与注意事项

阶段	主要沟通内容	注意事项
面试沟通	1. 打招呼，打开沟通关口 2. 岗位的任职要求 3. 职位薪资待遇、工作时间 4. 其他与工作能力有关的内容	1. 把握重点，条理清楚 2. 对岗位要有足够的了解 3. 避免侃侃而谈，让求职者发言 4. 适时告辞，礼貌再见
入职沟通	1. 结合岗位做入职引导 2. 欢迎新同事 3. 公司相关规章制度 4. 岗位工作内容、要求等	1. 明确沟通的要点和目的 2. 提前准备好入职资料 3. 沟通时保持亲和力 4. 可采用多种沟通方式
试用期沟通	1. 岗位培训相关内容 2. 新员工工作表现 3. 工作项目进展情况 4. 岗位工作的适应情况 5. 员工自我评价	1. 注意沟通的频率 2. 做好沟通记录和反馈 3. 选好沟通时间，如下班前 4. 营造轻松的沟通氛围 5. 选择合适的沟通环境
拟转正沟通	1. 工作上的困难和疑难问题 2. 试用期考核情况 3. 试用期工作表现评价 4. 未来发展方向和期望	1. 保证沟通内容的客观 2. 多勉励员工，提高工作积极性 3. 明确告知是否转正或延期 4. 要对工作给予一定的指导
转正沟通	1. 说明已达到转正标准 2. 工作上做得好的地方 3. 需要改进的地方 4. 转正后的薪资待遇等	1. 客观评价员工的真实表现 2. 提前准备好面谈资料 3. 突出新员工的优点 4. 创造良好的沟通范围
在职沟通	1. 工作内容总结和回顾 2. 对公司的建议或意见 3. 工作规划或目标 4. 日常工作中遇到的难题	1. 可采用口头、书面等沟通形式 2. 确保沟通的有效性 3. 主动倾听，避免不良沟通习惯 4. 适当运用沟通的策略
考核沟通	1. 考核的目的和意义 2. 考核的主要内容 3. 考核中员工的行为表现 4. 考核结果反馈和改建措施	1. 选择不受干扰的沟通场所 2. 沟通中允许员工提出异议 3. 避免情绪化沟通 4. 负面绩效沟通不指责

阶段	主要沟通内容	注意事项
离职沟通	1. 员工离职的具体原因 2. 肯定员工对公司做出的贡献 3. 员工对公司的建议 4. 表达真诚的祝福	1. 通过离职面谈对管理进行反思 2. 注重信息的双向传递 3. 非自愿离职要消除对抗情绪 4. 尊重员工的离职决定

4.3.2　影响沟通的主要因素

公司中大多数的问题都是由沟通障碍引起的，如信息不能有效传递、工作执行低效等。那么是什么导致了沟通障碍呢？这里先要了解沟通漏斗模型，沟通漏斗是指工作中团队沟通效率下降的一种现象，如图4-3所示。

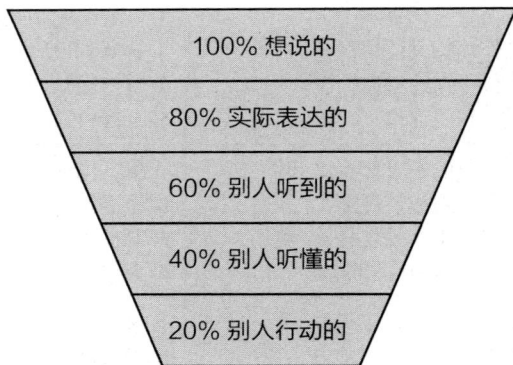

图 4-3　沟通漏斗模型

从上图可以看出，沟通漏斗呈现出由上至下逐渐减少的趋势，人们心里想说的话从表达到执行，最后由100%逐渐"漏"为20%，这时要分析是什么原因导致了信息被层层漏掉，然后运用沟通策略来应对漏斗问题。沟通中，漏斗产生的原因来自以下几方面。

①100%想说的，80%实际表达的。第一个被漏掉的20%，其主要原因在于表达者没有讲清楚重点，或者没有讲明白，部分人还可能因为不好意

思讲而漏掉 20%。

②80% 实际表达的，60% 别人听到的。第二个漏掉的 20% 主要原因有受场所干扰、表达者和接受者中有一方没有集中注意力。

③60% 别人听到的，40% 别人听懂的。第三个漏掉的 20% 主要原因在于接受者不懂装懂。沟通中，有不少倾听者常常因为不好意承认自己不懂，而导致漏斗问题。

④40% 别人听懂的，20% 别人行动的。第四个漏掉的 20% 主要原因有只下达了命令没有提供方法、执行中缺少监督。

在日常工作中，漏斗现象是比较常见的，那么有没有好的"防漏"解决方法呢？解决方法有以下一些。

◆ 第一个漏斗

针对第一个漏斗可以采用两种方法，一是提前列好提纲，二是请别人代讲。具体做法是在沟通前将自己的想法逐条写下来，或者罗列沟通的要点，提前做好准备就不容易漏掉重要内容，见表 4-5。在沟通前可以在表格中写明沟通事项、重点内容等。

表 4-5 工作沟通表

序号	沟通事项	沟通重点	要解决的问题	备注
1				
2				
3				
4				
5				

有些话需要讲，但不方便或者不好意思讲时，可以请他人代讲。比如用人部门管理者不好讲的，可以让人力资源部相关人员传话或代讲。

◆ 第二个漏斗

要有效解决第二个漏斗问题，双方沟通时就要尽量消除干扰元素。沟通时尽量选择安静、无人打扰的环境，如会议室、独立办公室等，避免在嘈杂、容易分散注意力的地方沟通。另外，在沟通时最好将手机调为震动或静音模式，办公室如果采用的玻璃隔断，可以拉下百叶窗帘。

双方应在沟通时集中注意力，不要三心二意，重要的问题可让对方记录下来。在对方讲话时，也可以记下沟通的要点，见表4-6。

表4-6　沟通记录表

部门		职位		沟通对象	
沟通地点				沟通时间	
沟通主题					
沟通要点					
其他问题					

◆ 第三个漏斗

针对第三个漏斗，要学会判断对方是否听懂了，具体可以向对方提问，如询问"我讲明白了吗"或者让对方做一个总结，重复一下刚才的谈话，看看对方是否正确理解了，如果对方叙述地不好或不准确，可以再次进行沟通。另外，也可以询问对方有没有什么其他想法，一般来说，如果对方确实听懂了，会积极表达自己的想法，否则只会回答"嗯""是"。

◆ 第四个漏斗

第四个漏斗实际上是执行的问题，针对此问题可以在沟通时就给出具体的执行方法或者目标要求。如果在沟通时只下达了命令，却没有传授方法，强调工作要求，在实际工作中就可能出现用错了方法、工作结果达不到要求等问题。除此之外，可以加强工作的监督，确保员工能保质保量的执行工作。

4.3.3　员工沟通管理机制

团队间的合作配合依赖于良好的沟通，新公司要想改善和提升员工关系管理水平，有必要建立沟通机制，避免各环节沟通不及时或不顺畅导致工作脱节、推诿。如下所示为某公司技术研发项目沟通管理制度。

制度范本 技术研发项目沟通管理制度

第1条　目的

为了进一步加强研发项目信息产生、收集、传递、保存和最终配置等一系列管理工作，科学地组织、指挥、协调和控制项目的实施，特制定本制度。

第2条　适用范围

本制度适用于研发项目开展过程中的沟通管理工作，即与项目信息交流相关的工作，具体包括项目沟通程序和内容确定、项目沟通计划管理、项目沟通工作监督以及沟通障碍与冲突处理等事项。

第3条　项目沟通程序

1.项目负责人应针对不同阶段出现的矛盾和问题，调整沟通计划。

2.项目负责人应运用计算机信息处理技术，进行项目信息的收集、汇总、处理、传输与应用，形成档案资料。

第4条　项目沟通内容

沟通内容涉及与项目实施有关的信息，包括项目各相关利益方共享的核心信息、项目内部和项目相关组织产生的有关信息。

第5条 项目沟通原则

为确保沟通效果，项目沟通工作需按以下原则进行。

1. 保持信息的双向沟通。双向沟通伴随反馈过程，使信息发送者可以及时了解到信息在实际中如何被理解，使信息接收者得以表达接收时的困难并得到帮助和解决。

2. 使用精简的表达方式。信息发送者应把内在想法用语言或非语言精确地表达出来，而且从接收者的语言或非语言中得出所期望的理解。

3. 进行信息追踪与反馈。信息沟通后必须同时设法取得反馈，以弄清信息接收者是否确以了解、是否愿意遵循、是否采取了相应的行动等。

4. 确保言行一致。项目负责人必须以自己的行动支持自己的想法和说法，而且明确更有效的沟通是"行重于言"。

5. 沟通时不仅要着眼于现在，还应该着眼于未来。大多数的沟通，均要切合当前情况的需要，但同时也不应该忽视对长远目标的配合。

6. 注意倾听。在听取他人的陈述时，信息接收者应专心致志、及时反馈，以保证能够正确了解对方传递的信息。

第6条 沟通依据和方式

表4-7 两种沟通依据和方式

沟通类型	类型说明	沟通依据	沟通方式
内部沟通	项目内部沟通应包括项目部与组织管理层、项目部内部各部门和相关成员之间的沟通与协调	内部沟通应根据项目沟通计划、规章制度、项目管理目标责任、控制目标等进行	内部沟通可采用授权、会议、文件、培训、检查、项目进展报告、思想教育、考核与激励及电子媒体等方式
外部沟通	项目外部沟通指项目部与项目外部相关利益方的沟通，如组织与相关政府部门、金融机构、相关企业的沟通等	外部沟通应依据项目沟通计划、有关合同和合同变更资料、相关法律法规、伦理道德、社会责任和项目具体情况等进行	外部沟通可采用电话、传真、召开会议、联合检查、宣传媒体和项目进展报告等方式

第7条 沟通过程控制

1. 各种内外部沟通形式和内容的变更，应按照项目沟通计划的要求进行管理，并做好相关协调工作。

2. 项目相关成员应编写项目绩效报告。项目进展报告应包括项目报告期内的进展情况，项目实施过程中存在的主要问题、重要风险以及解决情况，计划采取的措施，项目的变更以及项目进展预期目标等内容。

第8条 沟通障碍管理

沟通障碍是指信息在传递和交换过程中，由于信息意图受到干扰或误解而导致沟通失真的情形，消除沟通障碍可采用下列方法。

1. 选择适宜的沟通与协调途径。

2. 充分利用信息接收者的反馈。

3. 项目组织进行沟通检查。

4. 灵活运用各种沟通方式。

第9条 本制度由技术研发部负责起草和制定，修改权和解释权亦归其所有

第10条 本制度经总经理审批通过后生效实施

4.4 员工离职管理

适当的人员流动对公司来说是正常现象，不管员工是出于何种原因需要离职，都需要做好离职管理。员工离职如果处理不当，极易产生劳动纠纷，给公司带来负面影响，所以公司不能草率地对待离职管理。

4.4.1 员工离职原因分析

员工离职可分为主动离职和被动离职两种，对新公司来说，优秀员工

的主动离职是一种损失，对于主动离职的员工，要进行离职面谈，分析其离职的真正原因，以便进行改善。离职面谈一般由人力资源部或用人部门负责，面谈后对面谈记录进行整理和分析，从中找出员工主动流失的真正原因，见表4-8。

表4-8 离职面谈表

离职人姓名		部门		职位	
入职日期		离职日期		工作年限	
面谈者		面谈地点		面谈时间	
离职类别	□试用期离职 □正式员工辞职 □正式员工辞退 □其他				
离职原因（请打√，可多选）	□薪资低福利差 □缺少培训和上升空间 □人际关系不融洽 □工作环境 □团队氛围不适应 □工作压力大 □工作枯燥 □公司制度不人性化 □有更好的选择 □身体健康因素 □交通不便 □家庭原因 □转换行业 □个人创业 □回校深造 □其他原因：＿＿＿＿＿＿＿＿＿＿＿＿＿ □详细阐述：＿＿＿＿＿＿＿＿＿＿＿＿＿ □离职去向：＿＿＿＿＿＿＿＿＿＿＿＿＿				
你认为公司在哪些方面需要加以改善（请打√,可多选）	□工资政策及工作程序 □部门之间的沟通 □上层管理能力 □员工发展机会 □工资与福利 □培训发展机会 □团队合作精神 □其他，请说明＿＿＿＿＿＿＿				
离职面谈内容（可根据实际情况询问并记录）					
1. 当初选择加入公司的原因，实际情况与之前的想象存在哪些落差					
2. 你觉得你的上司和你在工作方面的沟通是否顺利？你最后想对上级说些什么					
3. 你比较喜欢和不太喜欢公司的哪些方面					
4. 你觉得公司存在哪些资源浪费、毫无意义的报告或会议？能具体描述一下吗					

续表

离职面谈内容（可根据实际情况询问并记录）
5. 你认为公司应该采取哪些措施来更有效地吸引和留住人才
6. 公司本来可以采取什么措施，可以让你打消离职的念头 □增加薪酬　　□调整工作部门　　□调整工作岗位　　□其他：
7. 你对公司福利满意吗？请谈谈你的看法
8. 如果有机会，你是否愿意重新加入公司？请简单陈述理由

　　根据公司实际情况，人力资源部可对月度、季度、年度员工流失情况进行统计分析，具体可利用 Excel 表格进行统计，如图 4-4 所示。

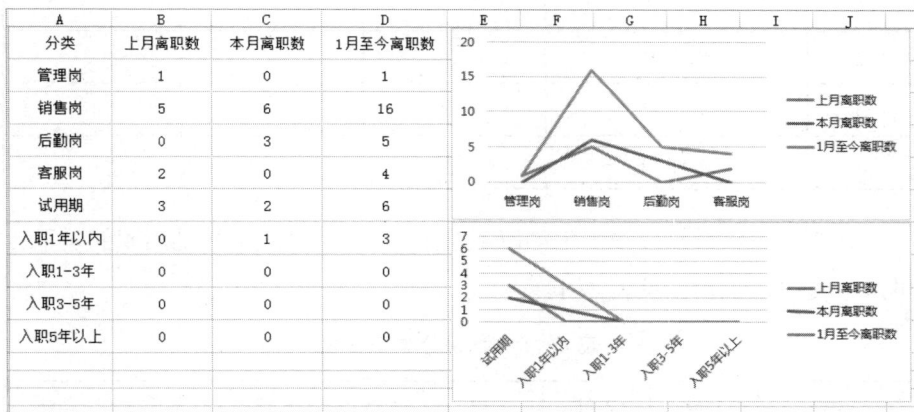

图 4-4　月度员工离职统计表

　　上图对比了上月、本月以及 1 月至今的离职人数，如果要对员工流失情况进行分析，可以统计不同月份员工的总数和离职人数，计算员工离职率，见表 4-9。或者统计不同部门入职人数和离职人数，分析人员变动数，见表 4-10。这里要明确离职率的计算公式，具体如下所示。

　　当月离职率 = 当月离职人数 ÷（当月离职人数 + 当月期末数）×100%

半年离职率 = 半年离职人数 ÷（半年离职人数 + 半年期末数）× 100%

全年离职率 = 全年离职人数 ÷（全年离职人数 + 全年期末数）× 100%

表 4-9 半年度员工离职统计表

人数／月度	1月	2月	3月	4月	5月	6月	合计
期初人数							
录用人数							
离职人数							
期末人数							

表 4-10 部门人员变动表

序号	部门	入职人数	离职人数	人员变动数
1	部门 A			
2	部门 B			
3	部门 C			
4	部门 D			

离职人数中有部分属于主动离职员工，另一部分属于被动离职的员工，可以分类进行统计，见表 4-11。

表 4-11 离职分类统计表

月份	1月	2月	3月	4月	5月	6月	合计
员工人数							
离职人数							
主动离职							
辞退人数							
试用期离职							

续表

月份	1月	2月	3月	4月	5月	6月	合计
开除人数							
流动率							

　　结合员工入职、离职相关数据，人力资源部可以制作离职员工分析报告，在报告中分析员工离职率、离职的原因、主动离职员工和被动离职员工占比等，一般可结合图表进行分析，会更为清晰明了，如图 4-5 所示。

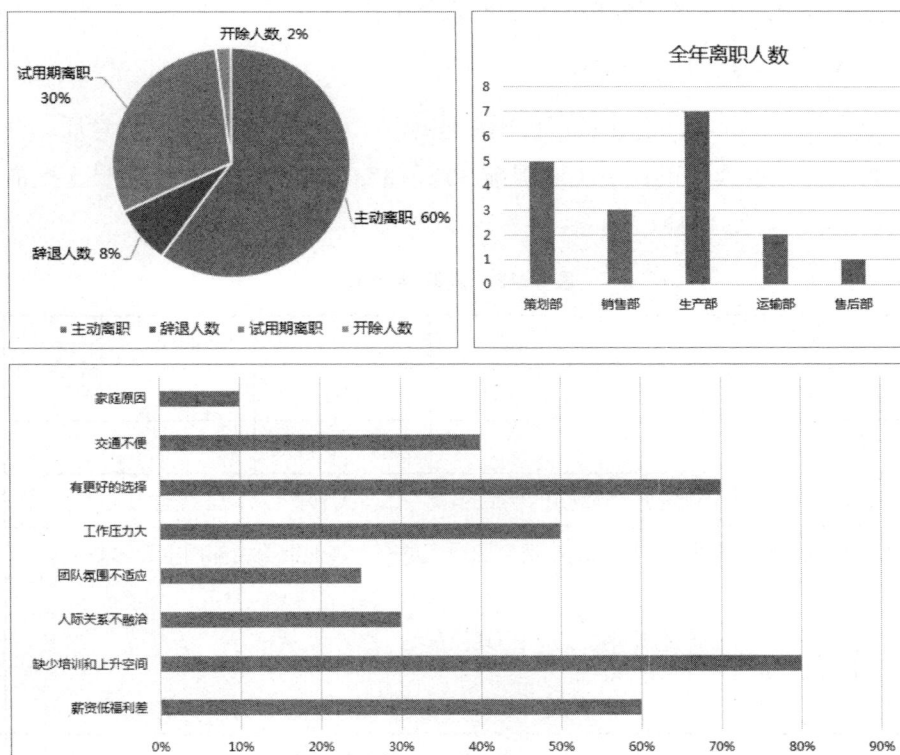

图 4-5　员工离职分析图表

4.4.2 员工离职流程设计

员工离职表示员工与公司结束了雇佣关系，离职并不是简单地"走人"，现实生活中，很多劳动纠纷都是因为没有做好离职管理而带来的，为减轻员工离职带来的风险，公司要规范化离职程序。

根据《劳动合同法》规定，用人单位与劳动者协商一致，可以解除劳动合同。劳动者提前 30 日以书面形式通知用人单位，可以解除劳动合同。劳动者在试用期内提前 3 日通知用人单位，可以解除劳动合同。为有效防范劳资纠纷，员工离职要按流程做好以下工作。

◆ 第一步，提出申请

员工主动辞职，需让员工提出离职申请，经相关部门审批同意后，办理离职相关手续。正式员工应提前 30 天递交离职申请，试用期员工提前 3 天申请，见表 4-12。

表 4-12 离职申请表

姓名		部门		职位	
入职日期			合同有效期至		
申请日期			预计离职日期		
离职类型	□辞职　　□辞退　　□自离　　□开除　　□其他				
离职原因详述：（若是辞职，由申请离职员工填写，其他情况由部门主管填写）					
所属部门意见	□同意申请　　　□其他意见 签名：　　　　　　　　　　　　日期：　年　月　日				
行政管理部	□未面谈　　　□已面谈，面谈要点如下： □同意申请　　部门主管签名：　　　　　日期：　年　月　日				

公司辞退或开除员工，要提前向员工说明辞退和开除的原因。如果员工没有明显的过错，但确实不能胜任岗位工作，那么，公司可以提前30日通知员工或与其协商一致后办理离职交接。

知识贴士 员工自离的处理方式

实践中，还可能存在员工自离的情况。自离是指员工擅自离职，面对这种情况，公司要主动与自离员工沟通，可以采用电话、微信、邮件等方式催告其工作或办理请假手续，这一步是确保公司履行了通知义务。在指定期限内员工没有返回工作岗位，然后发出解除劳动合同的通知，并将解除劳动关系的书面通知书及时送达员工，一般采用邮寄方式，并保留好回执。通知员工在限定时间内办理离职手续及其他重要信息，如停止缴纳社会保险。无法通知员工解除劳动合同的情况下，在公司发布解除劳动合同的公告通知，在公告栏、公告墙等地方公示。

◆ 第二步，办理离职交接

主要是对工作内容进行交接，将离职员工经手的工作交接给主管或同事。同时，让员工返还属于公司的财物、资料，如电脑、办公用品、通信工具、客户名单、财务账本等，见表4-13。

表4-13 离职交接表

员工类型：□正式员工 □试用员工			填表日期：		
姓名		部门		职务	
入职时间		离职时间		止薪日期	
所属部门工作交接情况：（可附工作交接清单） 经办人： 年 月 日					
行政部交接情况： □办公室钥匙 □文件柜钥匙 □办公桌钥匙 □文件资料 □邮箱 □图书 □笔记本 □电话机 □文件夹 □手机 □计算器 □公司通信录 □其他：_____ 经办人： 年 月 日					

人事部交接情况： □剩余入职照片　□解除或终止劳动关系的证明文件　□辞职申请表　□保密协议 □竞业协议　　　□知识产权协议 经办人：　　　　　　　　　　　　　　　　年　　月　　日	
项目部交接情况： □工作交接　□业务账务　□办公书籍 □软件光盘 □其他：＿＿＿＿＿＿＿＿ 经办人：　　　年　月　日	部门交接情况： □收回借用笔记本　□电脑配置检查： 　电脑类别＿＿＿＿数量＿＿＿型号＿＿＿ 　序列号＿＿＿＿＿＿＿＿＿＿＿＿＿ 　光驱＿＿＿＿＿＿＿＿＿＿＿＿＿＿ □其他特殊资产：＿＿＿＿＿＿＿＿ 经办人：　　　　　年　月　日
财务部交接情况： □工资情况：＿＿＿＿＿　□餐券：＿＿＿＿＿　□餐卡：＿＿＿＿＿ □借支费用：＿＿＿＿＿　□其他：＿＿＿＿＿ 经办人：　　　　　　　　　　　　　　年　　月　　日	
当事人确认	本人同意移交以上事项内所有内容，有关离职手续已按规定办妥，已将公司重要资料交还，并不外泄在职期间所了解的公司相关商业、技术等秘密。确认从即日起与公司终止劳动关系，所从事的一切活动与公司无关 当事人签字：　　　　　　　　　　年　月　日
人事主管签名：　　　　　　　　　　　　　　　年　月　日	

办好离职交接后，为员工核算薪酬，并返还员工相关证件。根据具体情况，如果离职员工是核心商业机密人员，还可以与其签订竞业禁止协议或者在解除劳动关系协议中约定员工的义务。

◆ 第三步，出具解除劳动合同的证明

根据《劳动合同法》规定，用人单位应当在解除或者终止劳动合同时出具解除或者终止劳动合同的证明，并在十五日内为劳动者办理档案和社会保险关系转移手续。

无论是员工主动离职还是被动离职，为避免引起劳动纠纷，公司都要与离职员工签订解除劳动合同协议书，并出具离职证明或解除劳动合同的证明。在与离职员工解除劳动合同后的 15 日内办理档案和社会保险关系转移手续。

4.4.3 员工离职管理制度

很多新公司对于离职管理并不是很重视，甚至认为员工直接走人最省事。实际上，做好离职管理才能有效控制人力成本，降低离职所引发的管理成本。因此，公司可以将离职管理作为一项基本制度确定下来，如下所示为某公司离职管理制度。

制度范本 离职管理制度

一、目的

为维护公司合法用工，保障员工合法权益，建立规范、秩序的离职管理，特制定本制度。

二、适用范围

本制度适用于公司所有员工离职手续的办理（含实习生、兼职员工、退休返聘人员）。

三、职责

行政中心负责为公司员工办理离职手续，公司其他各中心负责协助办理，行政中心、用人中心及总经理负责对员工的离职进行审批。

四、离职类别

（一）试用期内，公司和员工因正当理由提出终止劳动合同关系。

（二）劳动合同期满，公司或员工任何一方不愿续签劳动合同，劳动合同关系自然终止。

（三）劳动合同期内，提前终止劳动合同关系的离职包括辞职、辞退、擅自离职。

1. 辞职：员工由于自身原因等合法因素，向公司提出提前终止劳动合同关系的行为。

2. 辞退：由公司提出与员工提前终止劳动合同关系。

3. 擅自离职：指劳动者不辞而别，不履行法律规定的离职行为。

五、离职程序

（一）员工离职手续办理。

1. 离职员工须提前 30 日（实习生提前 3 日、试用期可提前 7 日）向本中心领导提出书面辞职申请，至行政中心领取"离职审批表"。

2. 离职实习期员工将"离职审批表"逐级上报，经用人中心、行政中心、总经理批准后，行政中心可适时对离职人员进行约谈。

3. 离职员工按表格内容依次办理交接，由离职员工中心负责人安排工作交接、物资移交；行政中心为其办理办公用品、工作牌、门禁卡、停车卡等收回手续；财务中心负责核实员工借款。所有事项完毕后经行政中心签署意见后，交接工作视为完成。

4. 行政中心为离职员工统计当月考勤，制作离职"工资结算单"，报有关领导审批，送到财务中心，并开具离职证明。

5. 行政中心将辞职申请、员工离职审批表、工资结算单、离职证明等资料进行汇总存入员工档案。

（二）协商解除劳动合同办理。

1. 公司提出协商解除劳动合同的，由员工所在中心负责人进行面谈，明确告知中心意向，必要时行政中心可提供支持；双方达成一致意见后签署解除劳动合同协议，工作交接和工资结算参照前述款项执行。

2. 由员工提出协商解除的，由其所在中心负责人与其进行面谈，了解离职的原因；双方达成一致意见后签署解除劳动合同协议，工作交接和工资结算参照前述款项执行。

（三）公司辞退、开除员工办理。

1. 公司提出与员工提前终止劳动合同关系时，由员工所在中心负责人提出意见并对员工进行面谈。双方达成一致后，由行政中心办理后续手续。

2. 凡违纪辞退、除名的员工，公司无需事先通知及作出任何补偿。

（四）特殊人员离职制度。

1. 财务人员：应严格按照国家财经法规、公司财务制度中的要求离职，并为在职期间出现的财务问题承担相应责任和负有协助调查的义务。

2. 驾驶员离职程序：除按照上述要求办理离职外，行政中心需协助调查该员工在工作期间的出车记录、维修记录和违章记录，如有罚款和因本人驾驶原因出现的维修，需补齐罚款和维修费用后方可离职。

（五）离职管理。

1. 未以书面形式提出离职、不辞而别或未按规定办理交接手续，致使公司无法办理或迟延办理相关离职手续的，由员工本人承担责任。

2. 员工在未发放奖金前离职的，自动放弃奖金评定资格，离职后不再发放任何奖金。

3. 离职面谈。

（1）员工申请辞职的，行政中心应与辞职人员进行面谈，了解其辞职原因。

（2）填写离职面谈表，员工和离职人员共同签字，存入员工离职档案。

4. 有下列情况时，审批人有权不予批准或推迟批准。

（1）员工辞职申请时有账务未清或阶段性工作开展未完成。

（2）员工辞职不能越级审批，必须严格遵循规定程序逐级审批至最高核决。未按程序逐级审批或擅自越级审批的，任何部门均可不予以签批办理辞职手续。

5. 如劳动合同单独列明经协约的辞职通知期，应以协约规定为准。

实务答疑

问：哪种情形下员工不能再享受年休假？

答：根据《职工带薪年休假条例》，职工有下列情形之一的，不享受当年的年休假。①职工依法享受寒暑假，其休假天数多于年休假天数的；②职工请事假累计 20 天以上且单位按照规定不扣工资的；③累计工作满 1 年不满 10 年的职工，请病假累计 2 个月以上的；④累计工作满 10 年不满 20 年的职工，请病假累计 3 个月以上的；⑤累计工作满 20 年以上的职工，请病假累计 4 个月以上的。

问：如何保证工作沟通的有效性？

答：①沟通前先组织好语言，明确沟通的主要内容，沟通时准确表达，避免产生不必要的误解；②沟通时适当发问，多问开放式问题，少问封闭式问题，封闭式问题一般只能回答是或否，开放式问题可以让对方说出自己的想法；③注重沟通中的倾听，不要只站在自己的立场侃侃而谈，学会换位思考可以有效避免冲突；④建立沟通反馈机制，完善沟通渠道，如构建正式的文件沟通、会议沟通、非正式沟通渠道。

问：什么情形下可以辞退员工？

答：员工辞退分为过失性辞退和无过失性辞退两种，过失性辞退的情形有：①在试用期间被证明不符合录用条件的；②严重违反用人单位的规章制度的；③严重失职，营私舞弊，给用人单位造成重大损害的；④劳动者同时与其他用人单位建立劳动关系，对完成本单位的工作任务造成严重影响，或者经用人单位提出，拒不改正的；⑤因《劳动合同法》第二十六条第一款第一项规定的情形致使劳动合同无效的；⑥被依法追究刑事责任的。员工无过失的情形下，用人单位提前 30 日以书面形式通知劳动者本人或者额外支付劳动者一个月工资后，可以解除劳动合同，无过失性辞退包括 3 种情形，一是劳动者患病或者非因工负伤，在规定的医疗期满后不能从事原工作，也不能从事由用人单位另行安排的工作的；二是劳动者不能胜任工作，经过培训或者调整工作岗位，仍不能胜任工作的；三是劳动合同订立时所依据的客观情况发生重大变化，致使劳动合同无法履行，经用人单位与劳动者协商，未能就变更劳动合同内容达成协议的。

第 5 章

经营管理保障公司有序运作

　　新公司成立后，会有一个成长和发展的过程，此阶段需要运用宣传推广、合作谈判、客户管理等策略，来帮助公司快速打开经营局面，让公司发挥资源优势，在市场竞争中逐渐站稳脚跟。本章将针对新公司创立初期的经营管理策略进行讲解。

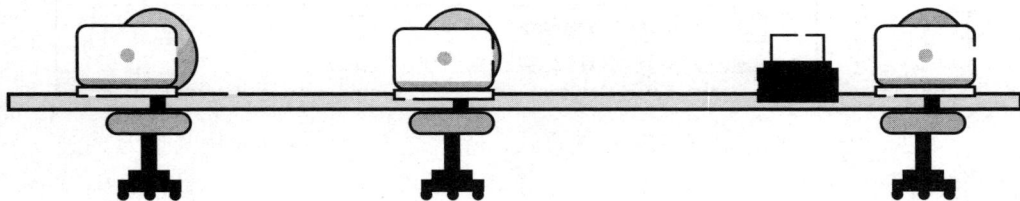

5.1 开展经营活动

新公司注册成立后，需要重点考虑的就是如何开展经营活动，创立初期的开业筹备和营销管理都是重要项目。

5.1.1 开业庆典与宣传推广

新公司要扩大自身知名度，引起目标客户的关注，就需要进行宣传推广。其中，开业庆典就是一种宣传推广方式。新公司可以通过开业庆典展示自身实力，树立良好的形象，另外，也为公司经营打开一个良好的开端。不同公司可根据自身需要开展不同类型、规模的开业庆典活动，为保证开业庆典活动能有序进行，最好提前设计好开业庆典流程方案。

开业庆典流程方案要明确庆典活动的地点、所需硬件、物料、现场人员安排、活动流程等。开业庆典活动的大致流程，见表 5-1。

表 5-1　开业庆典流程

流程	内容
前期准备	1. 确定活动地点、时间、宣传语、活动方式 2. 邀请相关嘉宾出席庆典活动 3. 准备好场地布置所需物料，包括气球、舞台背景、迎宾花篮等
活动开始前	1. 外场和内容场地布置，在入口处设置指示牌和花篮，调试好音响 2. 入口处布置签到台，由专人负责来宾签到和接待引导 3. 为领导佩戴胸花，引导领导入座
活动开始	1. 正式开始庆典仪式，主持人上台，简单开场后介绍领导和来宾 2. 公司领导讲话，宣布开业，然后举行剪彩仪式 3. 对现场气氛进行渲染，如演唱、礼炮等，中间可穿插活动
活动结束	1. 主持人宣布庆典仪式结束 2. 领导及来宾到茶歇区休息，享用糕点、茶饮

开业庆典是公司宣传的一种方式，除此之外，还可以采用其他方式进

行宣传推广，如以下几种宣传方式。

- **传单、易拉宝和海报**：是将公司广告刊登在印刷品上进行推广的一种宣传方式，这种宣传方式具有一定的偶然性，营销宣传的对象一般是特定区域的人群，针对性强，适合新店开业、有特定目标受众的公司进行宣传。

- **户外广告**：在街道、广场等室外公共场所张贴广告进行宣传，比如路牌广告、霓虹灯广告、壁墙广告和气球广告等，广告位置比较固定，可以对某一区域的公众进行反复营销。

- **活动宣传**：通过举办各种活动来宣传公司，如优惠活动、到店福利活动、签单抽奖活动等。

- **网络宣传**：在新媒体平台、短视频平台、搜索引擎等网络平台投放广告，具有不受时间、空间限制的优势。公司如果有自己的官方平台，也可以在自己的平台上进行宣传推广，如图 5-1 所示在社交媒体进行开业宣传。

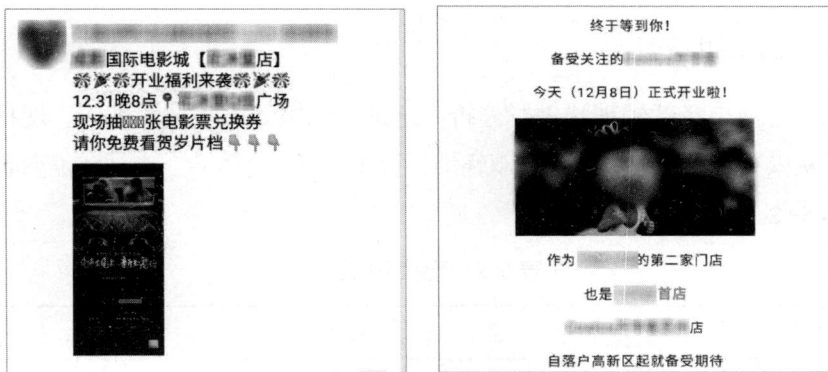

图 5-1　开业宣传

除以上几种宣传方式外，还有电视宣传、杂志宣传、广播宣传、流动车宣传等宣传方式，可根据资金、人力、成本来选择合适的宣传方式。

5.1.2 制订新公司营销计划

营销计划是新公司经营管理最为重要的计划之一，它可以帮助公司明确经营目标、营销策略以及行动方案。按照期限的长短，可将营销计划分为短期计划、中期计划和长期计划。

- **短期计划**：期限一般为一年以内，年度、季度、月度营销计划都属于短期计划。

- **中期计划**：期限为一年以上，五年以下，三年、五年营销计划都属于中期计划。

- **长期计划**：期限一般在五年以上，主要用于确立未来发展方向和整体战略。

公司可制订总体营销计划，也可以针对某一产品或业务制订专项营销计划，营销计划一般要包含现状分析、营销目标、营销策略、行动方案和监督控制五个方面的内容。

（1）现状分析

对当前市场营销现状进行分析，这是营销策划的依据和基础。现状分析可从以下方面入手，包括宏观环境、行业市场、竞争者、商品和消费者，见表 5-2。

表 5-2　现状分析要点

内容	要点
宏观环境	政策、经济、人口、文化、科技等，比如针对火锅店，可以分析经济发展对火锅的影响、南北火锅差异和偏好、当地的餐饮行业政策环境、当地火锅品牌渗透率
行业市场	包括行业需求特征、行业进入的障碍、行业的经济周期、当前产业政策、行业发展模式等
竞争者	如竞争者的结构、主要竞争对手、竞争者优劣势等

续表

内容	要点
商品	商品的类别、功能、价格、卖点等
消费者	消费者行为特征、购买动机、购买方式和渠道、兴趣偏好、品牌忠诚度、影响消费者需求的因素等

（2）营销目标

营销目标指计划期内所要达到的目标，是营销计划的核心内容，如销售额目标、利润目标、市场占有率目标。营销目标是在现状分析的基础上预测的，需保证目标的合理性、可行性，避免估高或估低，如下所示为某公司营销目标。

> A 产品本年销售目标 300.00 万元 / 年，以每年 10% ~ 20% 的销售额递增。
>
> B 产品年销售目标 200.00 万元 / 年，以每年 10% ~ 60% 的销售额递增。

（3）营销策略

营销策略是营销计划的重要内容，指采用哪些方式来开展营销，主要的营销策略有四种，分别是产品策略、价格策略、渠道策略和促销策略。

产品策略。包括产品定位、产品差异化方案、产品服务、品牌策略、新产品开发策略等，如产品的消费群体多为年轻养生人群，于是有针对性地开发绿色健康低脂型产品，并在包装上迎合年轻人的喜好。

价格策略。包括定价原则与方法，定价时需要考虑定价目标、市场需求、产品成本和定价方法，定价方法有成本导向定价法、竞争导向定价法、顾客导向定价法等。如以实现公司盈利、树立良好品牌形象为原则，在此基础上，用高性价比来吸引消费者。

渠道策略。采用线上营销渠道还是线下营销渠道，不同的渠道有其优劣势，要明确具体的营销渠道，如线上采用电商渠道销售，快递配送；线下由固定的经销商通过门店销售。

促销策略。是指促进商品销售的方法，促销策略有多种形式，如网络促销、折扣促销、抽奖促销、赠品促销和联合促销等。

（4）行动方案

说明营销活动的行动细节，包括渠道建设、计划执行表、营销负责人等，如针对开业促销制订计划执行表，明确开业促销的具体流程，如以下内容。

①开业酬宾，开业前 3 天产品半价销售。

②推出新品试用活动，进行新产品宣传。

③发放店铺代金券，可以在支付时抵扣。

④朋友圈宣传转发可到店获得精美礼品一份。

（5）监督控制方案

对营销计划的行动方案进行控制，明确由谁来实施营销方案，以及在方案实施过程中如何进行过程管理。在具体实施营销计划的过程中，可能存在实际与方案不符的情形，这时就需要根据实际情况来进行方案的调整。

5.2　签订安全可靠的合同

新公司开展业务活动，会涉及相关合同的签订，如买卖合同、技术合同、仓储合同等。公司应以谨慎、严肃、认真的态度来对待合同的签订和管理，这样才能有效规避风险。

5.2.1 合同包含哪些条款

合同是民事主体之间设立、变更、终止民事法律关系的协议。合同可以采用书面或口头形式订立,订立合同时,应保证条款内容明确、完整、肯定,以减少合同争议。合同一般包含下列条款。

- 当事人的姓名或者名称和住所。

- 标的。

- 数量。

- 质量。

- 价款或者报酬。

- 履行期限、地点和方式。

- 违约责任。

- 解决争议的方法。

合同条款明确了当事人双方的权利和义务,实务中,可以参照各类合同示范文本订立合同。在签订合同时,也会存在订立格式条款的情形,格式条款是当事人为了重复使用而预先拟定,并在订立合同时未与对方协商的条款。

格式条款可以提高公司业务开展的效率,节省双方交易的时间。如果公司是提供格式条款的一方,那么应当遵循公平原则确定双方的权利和义务,根据《民法典》第四百九十七条,有下列情形之一的,该格式条款无效。

(一)具有本法第一编第六章第三节和本法第五百零六条规定的无效情形;

(二)提供格式条款一方不合理地免除或者减轻其责任、加重对方责任、限制对方主要权利;

(三)提供格式条款一方排除对方主要权利。

5.2.2 明确双方的权利义务

权利与义务是合同的主要内容，订立合同时，双方可协商约定各自的权利与义务。以买卖合同为例，出卖人的权利有收取价款，义务有交付标的物；买受人的权利有收取标的物，义务有验货和支付价款。

在约定双方的权利和义务时，切记不可含糊笼统，比如对交货地点、质量要求等约定不准确、完整，这会给合同的履行留下诸多隐患，如对方交付的货物不能满足生产要求，但因为合同中对质量要求的约定不清楚，致使无法追究对方责任。为避免类似的纠纷和风险，在合同中对权利与义务的约定一定要明晰。

实践中，合同条款约定不明的情况也是比较常见的，这时要清楚如何处理。根据《民法典》规定，有以下处理方式：

> 第五百一十条 合同生效后，当事人就质量、价款或者报酬、履行地点等内容没有约定或者约定不明确的，可以协议补充；不能达成补充协议的，按照合同相关条款或者交易习惯确定。
>
> 第五百一十一条 当事人就有关合同内容约定不明确，依据前条规定仍不能确定的，适用下列规定：
>
> （一）质量要求不明确的，按照强制性国家标准履行；没有强制性国家标准的，按照推荐性国家标准履行；没有推荐性国家标准的，按照行业标准履行；没有国家标准、行业标准的，按照通常标准或者符合合同目的的特定标准履行。
>
> （二）价款或者报酬不明确的，按照订立合同时履行地的市场价格履行；依法应当执行政府定价或者政府指导价的，依照规定履行。
>
> （三）履行地点不明确，给付货币的，在接受货币一方所在地履行；交付不动产的，在不动产所在地履行；其他标的，在履行义务一方所在地履行。

（四）履行期限不明确的，债务人可以随时履行，债权人也可以随时请求履行，但是应当给对方必要的准备时间。

（五）履行方式不明确的，按照有利于实现合同目的的方式履行。

（六）履行费用的负担不明确的，由履行义务一方负担；因债权人原因增加的履行费用，由债权人负担。

合同的权利与义务具有相对性，订立不同类型的合同，约定的权利和义务也会不同。在订立合同后，可能因为各种原因需要转让合同的权利义务，具体分为权利的转让、义务的转让以及权利义务共同转让。

5.2.3 违约责任的约定

在订立合同时，只简单约定了双方的权利和义务，没有约定违约条款，这对公司来说，也会存在隐患。违约条款可以督促对方积极履约，同时，也能明确合同当事人若违反合同义务要承担哪些责任。合同当事人可以在合同中约定违约责任承担方式、损害赔偿的范围以及违约金的支付数额等，如下所示为某公司禽蛋买卖合同中关于违约责任的约定。

实务案例 买卖合同中关于违约责任的约定

第五条 买方的违约责任

1. 买方未按合同收购或在合同履行期内退货的，应按未收或退货部分货款总值的 _____%（由买卖双方约定），向卖方偿付违约金。

2. 买方如需提前交货，并取得卖方同意变更合同的，买方应给卖方提前交货货款总值的 _____%的补偿，买方因特殊原因必须逾期收购的，除比照中国人民银行有关延期付款的规定，按逾期收购部分货款总值 _____%（由买卖双方约定）向卖方偿付违约金外，还应承担卖方在此期间所支付的保管费，并承担因此而造成的其他实际损失。

3. 卖方按合同规定交货，买方无正当理由拒收的，除按拒收部分货款总值的 _____%（由买卖双方约定）向卖方偿付违约金外，还应承担卖方因此而造成的实际损失和费用。

4. 对通过银行结算而未按期付款的，买方应按未付货款总值的 _____%（由买卖双方约定），向卖方偿付延期付款的违约金。

第六条 卖方的违约责任

1. 卖方逾期交货，如买方仍然需要，卖方应如数交货，并应向买方偿付货物总值的 _____%（由买卖双方约定）的违约金；如买方不需要，卖方应按未交货款总值的 _____%（由买卖双方约定）偿付违约金。交货少于合同规定的，如买方仍然需要，卖方应如数补齐，并应向买方偿付少交部分货物总值 _____%（由买卖双方约定）的违约金；如买方不需要，卖方应按逾期应交部分货款总值 _____%（由买卖双方约定）偿付违约金。

2. 卖方交货时间比合同规定提前，买方有权拒收。如买方同意接收，不按违约处理。

3. 卖方交售的禽蛋规格、标准与合同规定不符时，买方可以拒收。

从上述内容可以看出，双方约定了违约时应向对方支付一定数额的违约金，包括买方因退货、提前交货、逾期收购所产生的损失赔偿，卖方因逾期交货、交货少于合同约定所产生的损失赔偿。

5.2.4 必要时约定保密条款

如果公司要保护自己的核心商业机密不被泄露，如技术信息、产品定价等，那么可以在合同中约定保密条款。在签订保密条款时，要明确 4 点内容。

- **保密内容**：主要指商业秘密的范围，如企业的数据、文件等相关资料等。
- **保密对象**：是指负有保密义务的主体，可以是自然人，也可以是法人。

- **保密期限**：也就是保密的具体时间，保密期限可长可短，可根据具体的保密内容来确定。

- **违反保密义务的法律责任**：主要约定违约泄露公司商业秘密，所应承担的违约责任，如违约金、损失赔偿等。

公司可以根据重要程度来约定保密条款，保密条款比较重要则详尽地约定保密信息、保密对象、保密期限和违约责任，若保密条款的重要程度一般，则可以简单约定对方负有的保密责任，如下所示为比较详细的保密条款内容，供借鉴参考。

___✐___ **实务案例** 关于保密条款的约定

1. 商业秘密

本合同提及的商业秘密，包括但不限于：技术方案、工程设计、电路设计、制造方法、配方、工艺流程、技术指标、计算机软件、数据库、研究开发记录、技术报告、检测报告、实验数据、试验结果、图纸、样品、样机、模型、模具、操作手册、技术文档、相关的函电等。

2. 保密义务

对于甲方的商业秘密，乙方在此同意：

（1）严守机密，并采取所有保密措施和制度保护该秘密（包括但不仅限于乙方为保护其自有商业秘密所采用的措施和制度）。

（2）不泄露任何商业秘密给任何第三方。

（3）除用于履行与对方的合同之外，任何时候均不得利用该秘密。

（4）不复制或通过反向工程使用该秘密。乙方应当与能接触该商业秘密的员工、代理等签订一份保密协议，此协议的实质内容应与本协议相似。

3. 保密期限

甲、乙双方确认，乙方的保密义务自甲方对本协议第一条所述的商业秘密采取适当的保密措施并告知乙方时开始，到该商业秘密公开时止。

4. 违约责任

（1）如果乙方未履行本协议第 3 条所规定的保密义务，但尚未给甲方造成损失或严重后果的应当承担不超过人民币 ＿＿＿＿＿＿ 元的违约罚款。

（2）如果因为乙方前款所称的违约行为造成甲方的损失或严重后果的，乙方应当承担违约责任，损失赔偿见本条第 3 项所列。

（3）本条第 2 项所述损失赔偿包括：

a. 损失赔偿额为甲方因乙方的违反协议行为所受到的实际经济损失，计算方法为：＿＿＿＿＿＿。

b. 如果甲方的损失依照上述计算方法难以计算，损失赔偿额为乙方支付不低于甲方就该项目商业秘密已发生的投资费用的 ＿＿＿＿＿＿% 作为损失赔偿额。

c. 甲方因调查乙方的违反协议行为而支付的合理费用。

d. 因乙方的违反协议行为侵犯了甲方关于该项目的商业秘密权利，甲方可以选择根据本协议要求乙方承担违约责任，或者根据国家有关法律、法规要求乙方承担侵权责任。

保密条款可粗可精，上述条款明确了商业秘密的范围、缔约后的保密义务、保密期限和违约责任。需要注意，保密期限是保密条款的有效期限，该期限可根据行业惯例或者商业秘密的寿命来确定。一般来说，保密期限要长于合同期限。

5.2.5　合同的变更或解除

合同变更有广义、狭义之分，狭义的变更是指合同内容的变更，合同主体不变。在现实生活中，合同变更是比较常见的，只要双方协商一致就可以变更合同，变更合同可按以下流程进行。

第一步，在符合变更条件的前提下，由一方当事人提出变更请求。说明变更的理由、内容等。

第二步，另一方当事人就合同变更事项作出答复，包括同意变更或不同意变更，也可以就合同变更提出意见。

第三步，双方就变更内容进行协商，协商一致后达成了变更合同的协议，变更合同可以采用书面或口头形式。

对于需要经有关部门批准、登记后才能生效的合同，变更合同同样需要办理批准、登记手续。

合同解除是指合同当事人一方或者双方依照法律规定或者当事人的约定，依法解除合同效力的行为。合同有两种解除情况，一是约定解除；二是法定解除。

约定解除分为合意解除和约定解除权两种情形，合意解除即当事人通过协商的方式解除。约定解除权是指当事人依照合同约定或法律规定享有的解除合同的权利，比如可以在合同中约定一方解除合同的条件，当满足该条件时，拥有解除权的一方即可解除合同。

法定解除是根据法律规定而解除合同，根据《民法典》第五百六十三条，有下列情形之一的，当事人可以解除合同：

（一）因不可抗力致使不能实现合同目的；

（二）在履行期限届满前，当事人一方明确表示或者以自己的行为表明不履行主要债务；

（三）当事人一方迟延履行主要债务，经催告后在合理期限内仍未履行；

（四）当事人一方迟延履行债务或者有其他违约行为致使不能实现合同目的；

（五）法律规定的其他情形。

以持续履行的债务为内容的不定期合同，当事人可以随时解除合同，但是应当在合理期限之前通知对方。

5.3 合作谈判留住客户

对新公司来说，每一个客户都很重要，在与客户沟通的过程中，双方"谈"的怎么样，很大程度上决定了能否签单。合作谈判也有一定的方法技巧，有时这些方法和技巧可以帮助公司留住客户。

5.3.1 业务谈判的策略

业务谈判的目的是为了成交，为实现这一目标，可以灵活运用一些谈判策略，提高谈判的效果。

◆ 了解谈判对象

在开始进行谈判前，有必要了解对方，包括对方当前的现状、对产品的需求程度、组织特征和价值观念等。谈判前掌握的信息越多、越准确，就越能掌握谈判的主动权。除此之外，还要了解竞争对手的价格水平、营销状况、产品特点等，这可以帮助我们明确在谈判中所处的位置以及可以让步的幅度等。

谈判中必然要介绍己方的产品和服务，所以，我们必须对公司的产品、价格、用途、质量以及优势等有充分的了解，只有这样才能在谈判中进退自如。

谈判前可以通过网上查询、实地考察、企业内部报刊等信息途径获取对方的各种信息。另外，也可以在与对方进行业务往来的过程中收集相关信息资料，然后对这些信息资料进行筛选、整理，以备谈判所用。

◆ 找出真正的负责人

有时可能会遇到这样的情况，在与对方多次沟通后仍无法取得实质性的进展，对方总是说需要审核或者说过段时间再考虑。这种情况下，要判断与我们沟通的人是否是关键人，即是否是能拍板的人。

在实际开展业务时，常常会遇到没有找对负责人的情况，这种情况下，尽管费尽了唇舌，往往也是白费功夫。为避免耗费大量的谈判成本，在谈判一开始，就要弄清楚对方是否是真正的决策者。只有找到了决策者，沟通谈判工作才有实际开展的意义。

◆ 创造良好的谈判氛围

谈判氛围会影响谈判的走向，谈判的常见氛围有对立氛围、紧张氛围、友好氛围、沉重氛围等，良好的谈判氛围应该是积极、轻松、友好的，这样的氛围能提高谈判成功的几率。那么在谈判中如何营造良好的氛围呢？

谈判开局时，与对方礼貌问候，适当寒暄，语言和肢体动作友好得体，表现出对对方的尊重。开局初期可以传达友好、合作的讯息，这样能在谈判之初营造轻松、和谐的氛围。避免做一些影响谈判气氛的行为，如以下几种。

①谈判时左顾右盼，表现出对谈判的不重视。正确的做法是，表情自然、率真，第一次与对方眼神接触时，表达出诚恳和友好合作的愿望。

②谈判过程中打断对方的讲话，这样的做法容易引起对方的反感，谈判中要对话，但也要倾听，让对方感受到被重视。

③情绪失控，把愤怒、抱怨的情绪带到谈判中。谈判人员要学会控制自己的情绪，避免谈判气氛剑拔弩张。

◆ 谈判时强调对方的利益

谈判时要了解对方的需求和欲望，多强调对方的利益能让谈判更加顺利。在开始谈判前应明确一点，谈判的目标是促进双方合作，而不是要争个输赢。谈判中，如果能让对方感受方案是公平合理的，双方没有冲突而是双赢，就很容易让对方做出决策。

在谈判中可运用共同利益策略，站在对方的立场上进行思考，了解对方需要什么利益，如优惠的价格、更好的服务等，然后在谈判中表达己方很关心对方的利益，告诉对方这一方案能带来哪些好处，如此谈判，才更容易实现合作共赢，忌站在对方的对立面来谈判。

5.3.2　谈判中如何说服对方

在业务谈判中，说服是很重要的，同时也是很困难的。谈判中如果能有效说服对方，顺利达成协议就会比较容易。这里的说服主要指主动说服，有效说服要把握以下几点。

（1）建立良好的人际关系

在说服对方前，首先要与对方建立良好的人际关系，这是说服的前提。如果对方对我们缺乏信任感，或者双方刚产生了争执，对立情绪还没有消除，此时就不是良好的说服时机。在情绪上，对方就很难接受我们的劝说。

为提高说服力，谈判人员要与对方建立良好的人际关系，营造良好的谈判氛围。如果对方的情绪还不稳定，比如表现出激动、厌烦等，这时可以暂缓说服，等到对方情绪稳定后再进行说服会更好。

谈判中塑造良好的形象，选择一个有利于自己的环境，都能提高说服力。具体的做法是谈判时着装得体，表现出自信、专业，这可以帮助谈判人员赢得信赖。谈判场所不要使用过强、过硬的光源，柔和的光源更好。室内谈判时选择隔音效果较好的场所，注意室内的通风和温度，保证空气清新流通，温度以人体舒适为宜。

（2）谈判时扬长避短

谈判时要学会扬长避短，多谈产品的优势、双方利益的一致性，淡化产品的不足、双方的矛盾。可以利用客观事实、数据、资料等来提高说服力，比如说明产品安全可靠时，可以拿出产品检测报告、销售数据、专家/名人对产品的正面评价来证明产品的可靠性。把客观事实、数据展示出来，这就是实力的体现，当客户看到这些证据时，自然会对我们产生信任。

产品的独特价值也是在谈判中要强调的，比如可以在谈判中告知对方，和竞争对手相比我们的质量更好，品牌知名度更高，售后服务更完善等，这些独特的价值都能促成对方合作的意愿。

（3）有耐心地说服

要有耐心地说服对方，切记不可心急。实际中，谈判说服可能会经历几轮才能实现签单，耐心也是谈判人员应具备的品质。特别是面对一些固执的、难以沟通的客户，更要有足够的耐心。谈判人员可以缓缓跟进，由浅入深地说服对方，不要急于求成。如遇到无法一次性解决的问题，不如暂缓说服，等到有了合适的时机再说服。

5.3.3 谈判时的成交策略

在谈判过程中，谈判人员要善于把握成交信号，及时实现签单，以下是常见的成交信号。

①客户询问价格上能不能再优惠一点。

②客户比较关心成交后的问题，比如什么时候交货、商品质保期、售后服务怎么样、是否可以分期付款。

③客户的态度比较友好，对产品表示认同。

④客户查看订货点具体条款。

⑤客户打电话征求他人意见。

成交信号一般会通过客户的表情、行为和语言传递出来，当客户传递出成交信号后，可以运用以下方法促进成交。

◆ 拿出合同，表明签单

谈判人员可以在此时拿出合同，询问客户还有没有其他疑问，然后提出成交请求，如"那今天我们就把合同订下来吧"，提出签约请求后，等待客户的回复。如果客户此时并不想签单或者还有犹豫，会表明自己的想法。然后再根据客户的反应做出应对，如逼单、拿出最后的底牌等。

◆ 制造紧张感 / 稀缺感

当客户对签订合同犹豫不决时，可以制造紧张感或稀缺感，让客户产生"错过这个村就没这个店"的心理，这时客户会因为"机会难得"而做出签约的决策。采用此方法时，可以从4个方面去做，分别是限数量、限时间、限价格和限服务，如告知客户"此次优惠活动仅限当日""公司库存已经不多，快断货了""产品限量500套，已经有大量客户购买了""产品即将涨价""此时购买可以享受更好的服务"。

◆ 再次强调客户的利益

在促使成交的过程中，也不要一味地给客户施加压力，有的客户可能会因此而产生反感。谈判人员可以总结成交后客户可以获得哪些好处或利益，并把这些利益都摆在客户面前，让客户想象成交后的巨大利益，这时客户会更容易做出签约的决定。

◆ 帮助客户分析利弊

如果客户对我们产生了足够的信任，这时可以站在客户的立场，帮其分析利弊，向客户表明签约是利大于弊。此时客户可以感受到我们的坦诚，并产生认同感，客户在权衡利弊后，会更容易做出签约决策。帮客户分析利弊时可以采用对比法，将立即购买的好处、不买的坏处——罗列下来，两者对比，优劣一目了然。

◆ 适当让步促使成交

对于有签约意向，但对某些条件不太满意的客户，可以适当让步促成成交，比如在价格、交货条件上做出让步。在使用让步策略时要注意 3 点，一是要让客户觉得这个优惠仅针对他一人，他是独特的；二是不能随便给优惠，要在客户有强烈签约意向时才给出；三是让客户知道这个优惠是尽力争取的，比如可以告知客户，这个优惠需要向上级请示，并不一定能够申请下来。

◆ 二选一策略

在谈判的过程中，有的客户会让谈判人员给出多种解决问题的方案，提供方案时要避免选择太多，如果一次性拿出了很多方案，反而会让客户不知如何选择。这时不妨只给出两个方案，让客户选 A 或选 B，在只有两种选择的情况下，客户会很容易做出决策。

5.4 新公司客户管理

客户管理主要是指客户关系管理，它能帮助新公司了解客户类型、需求，为客户提供个性化的服务，从而提高客户满意度，促进新客户的成交和老客户的复购。

5.4.1 对客户进行分类管理

对客户设置不同类型的标签，分组进行客户管理，有助于客户的分层筛选，提升销售跟进效率。有条件的新公司可以搭建 CRM 系统来进行客户管理，这些 CRM 系统一般会提供客户分组管理、撞单抢单提示、销售进展记录等功能。没有 CRM 系统的新公司，可以利用 Excel 进行客户分类管理。客户分类的方式有多种，可以根据公司具体情况来确定，如按客户类型来进行分类，可将客户分为无意向客户、意向客户、成交客户和售后客户。

对客户进行分类时要明确分类的标准，如把客户分为 A、B、C、D 类，按以下标准进行划分。

A 类：售后客户，已成交需要进行售后服务的客户。

B 类：成交客户，签单一个月内，产品未交付，未转到售后处的客户。

C 类：意向客户，认可公司产品，短期内有可能成交的客户。

D 类：无意向客户，没有产品需求，没有购买能力，对产品不认可的客户。

除以上分类方式外，还可以按客户消费层次、客户性格、客户渠道、客户交易阶段进行分类，如下面的分类方式。

- 按消费层次，分为普通客户、重点客户、优质客户和 VIP 客户。
- 按客户性格，分为沉默型客户、离职型客户、倾听型客户和冲动型客户。
- 按客户渠道，分为线下客户和网络客户。
- 按交易阶段，分为未成交客户、潜在客户、意向客户和准客户。

明确客户分类标准后，建立客户分类管理表，然后对不同分类下的客户进行差异化管理，如针对准客户应加速跟进，尽快实现签单；对于意向客户，则多沟通联络，让其认可产品；与无意向客户建立好良好关系。

客户分类整理表用于整理统计不同类型的客户，当客户状态发生变化时，表格中的信息也要进行更新，见表 5-3。

表 5-3　客户分类整理表

客户类型	客户姓名	联系电话	主要需求	备注

5.4.2　建立客户信息档案

对公司来说，客户是重要的资源，业务部可以建立客户信息档案，控制和管理客户资源。客户信息档案可以包含客户所属行业、公司规模、负责人、产品需求等内容，具体可根据销售类型、公司性质来确定客户信息档案应包含的内容，见表 5-4。

表 5-4　客户信息档案表

销售人员：　　　　　建档日期：　　　　　编号：

客户名称				
联系地址		联系方式		
经营模式		细分行业		
负责人		性别		电话
来源途径	□招商人员引进　□网络媒体　□电话咨询　□其他			
企业概况	（企业规模、性质、经营范围等）			
客户需求				
客户担心的问题				

续表

与公司的主要业务往来		
时间	业务活动	金额

　　客户信息档案表可以与客户分类整理表结合起来使用，以便更好地进行客户信息管理，明确不同类型的客户应该何时跟进，从而提高团队的服务质量和成单率。公司的业务人员是直接与客户接触的人员，业务人员可以把每一次客户的回访动态记录在客户跟进记录表中，以帮助自己与意向客户及时取得联系，见表5-5。

表 5-5　客户跟进记录表

客户姓名			联系方式		
性别		年龄		来源途径	
工作单位及职位					
通讯地址					
客户特征					
客户首次来访情况					
客户要求					
客户跟踪记录					

5.4.3　客户维护的五种方式

从客户获取的成本来看，开发一个新客户所花费的时间和精力要远远高于维护一个老客户。在公司经营中，不能只注重新客户的开发，老客户的维护同样很重要。公司的业务员不可能记住每一个客户的所有信息，因此，客户维护同样需要借助客户信息资料库中的数据，这也再次说明了客户信息管理的重要性。每一个业务员都有其维护客户的方法技巧，并不需要照搬他人的，这里介绍 5 种客户维护的方式。

◆　保持联系和定期回访

客户维护的核心是与客户保持良好的关系，业务员或者公司的售后客服要与客户保持联系、定期回访、时常联络，能够避免客户遗忘我们，常见的方法有以下几种。

①定期短信或电话问候、祝福，一般在节假日进行。

②邀请客户参与公司举办的客户答谢会、产品培训会等。

③不定期拜访客户，如公司产品、服务、价格变化时就可以拜访客户。

◆　帮助客户解决问题

当客户在收货、验货、使用产品等方面遇到问题时，要及时帮助客户解决问题，这样可以进一步得到客户的信任。部分客户可能会因为产品问题而联系售后客服，客服要耐心倾听客户的问题，然后按照公司的售后流程为客户解决。

◆　了解客户的需求变化

随着时间的推移，客户的需求也可能发生变化，业务员要了解并掌握客户的需求变化，合理为客户推荐所需的产品，让客户感受到自己足够被重视。对于一些特殊的客户，如优质客户、VIP 客户，还可以为其提供更贴心的服务，当新品上新、产品调价、有优惠活动时，第一时间告知这些客户，将这部分客户培养为忠实客户。

◆ 提供个性化方案

客户维护不要仅仅停留在产品销售上，公司可以主动为客户提供个性化的方案，这不仅能扩大客户的购买规模，还能让客户感受到公司的细心服务，从而更加坚定地选择我们。如很多家具销售公司也会为客户提供全屋设计、家具定制服务。

◆ 提供定制礼品

在节假日或每年年末,可以为特定客户送上定制礼品,表达公司的感谢、问候，同时也能维护、巩固客户关系，提升公司对客户的好感度。礼品最好结合客户的喜好、身份来定制，避免触碰送礼禁忌，节日礼物一般可根据文化习俗来确定。

实务答疑

问：哪些情形下，债权人不可以将债权的全部或者部分转让给第三人？

答： ①根据债权性质不得转让；②按照当事人约定不得转让；③依照法律规定不得转让。当事人约定非金钱债权不得转让的，不得对抗善意第三人。当事人约定金钱债权不得转让的，不得对抗第三人。

问：在业务谈判中，如何找到隐藏的决策者？

答： ①了解客户的组织结构，以此来判断与之接触的客户是否是直接负责人；②在沟通中进行判断，有的客户会在一开始就说明自己并非负责人，有的客户则不会说明。这时要在沟通中进行分析，如果对方很关心细节、核心问题，那么很可能就是负责人。如果对方只是粗略地了解一下价格、方案等，那么他可能没有最终的决定权；③在拜访客户时，也可以向公司的其他员工打听，以找到关键负责人；④拨打客户公司的电话，通过电话寻找负责人，如拨打总机询问相关部门负责人姓名或电话。

第 6 章

财务管理提升经营效益

　　财务管理是公司经营管理不可缺少的事务之一，新公司只要有"财务"就有管理的必要。公司的资金周转、盈利并不仅仅是停留在财务上的数字，公司的负责人还要了解这些数字所反映的财务状况和经营成果，让财务数据为新公司经营、决策提供依据，进一步提升经营效益。

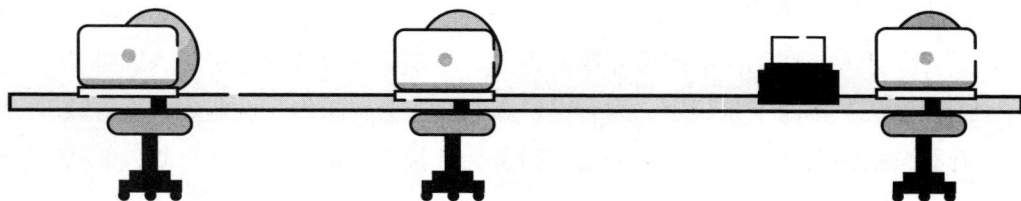

6.1 新公司财务岗位设置

新公司要根据工作需要来配置合适的财务人员，大型公司和中小型公司财务部的组织结构是有区别的。新创立的公司由于资金、人手不足，财务部一般会设置会计岗位和出纳岗位。

6.1.1 会计岗位职责细化

会计有两层含义，分别指会计工作和会计工作人员，这里的会计指在财务部任职的财务人员。无论新公司如何设置财务部岗位，都要明晰各岗位的职责，公司会计人员主要有以下职责。

- **会计核算**：是会计人员的基本职责，会计核算贯穿于经济活动的整个过程，包括记账、算账和报账。

- **会计监督**：对公司内部的经济活动进行的全面的监督和控制，如监督会计凭证、会计账簿，监督公司财务收支、成本费用情况。

- **编制计划**：参与经营计划、成本费用计划、财务收支计划的编制，及时准确编制财务报告、会计报表等。

- **参与改进**：分析公司财务状况和经营成果，总结经验，揭露问题，提出改进意见。

- **其他会计业务**：如财务分析、协助纳税申报、财务资料整理归档、完善财务制度以及管理上的一些工作。

从事会计工作要具备相应的专业能力，担任单位会计机构负责人（会计主管人员）的，还应当具备会计师以上专业技术职务资格或者从事会计工作三年以上经历。

会计人员在工作中要遵守职业道德、遵循法律责任。《中华人民共和国会计法》第四十条规定，因有提供虚假财务会计报告，做假账，隐匿或者故意销毁会计凭证、会计账簿、财务会计报告，贪污，挪用公款，职务侵占等与会计职务有关的违法行为被依法追究刑事责任的人员，不得再从事会计工作。

若伪造、变造会计凭证、会计账簿，编制虚假财务会计报告，构成犯罪的，将依法追究刑事责任。隐匿或者故意销毁依法应当保存的会计凭证、会计账簿、财务会计报告，构成犯罪的，将依法追究刑事责任。

6.1.2 出纳人员的工作内容

出纳是按照有关规定和制度，办理本单位的现金收付、银行结算及有关账务，保管库存现金、有价证券、财务印章及有关票据等工作的总称。新设立的公司要注意出纳和会计这两个岗位的安排，两者的工作内容存在区别，出纳的主要工作内容包括以下一些。

①办理银行结算、现金收付、登记日记账。

②保管公司有关印章、收据、支票、库存现金以及各种有价证券。

③办理往来结算，核算其他往来款项，防止坏账损失。

④审核和发放员工工资，报销员工差旅费、通信费等相关费用。

从上述工作内容可以看出，出纳要负责银行结算、现金管理等工作，这些工作都与公司的经营活动联系紧密，一旦出错就可能给公司带来不可估量的损失，公司要选择具备专业能力、爱岗敬业、熟悉财会政策法规的人担任出纳岗位。

📎 知识贴士 出纳与会计的区别

出纳与会计不能等同，出纳主要负责与资金收付有关的事务，会计主要负责核算各种总账、明细账以及编制各种报表，通俗来讲，前者管钱物不管账，后者管账不管钱物，两者的工作性质不同。

6.1.3 制定财务管理制度

公司要长远发展需要完善自身的财务管理体系，通过财务管理制度来规范财务管理工作。建立财务管理制度要以相关财会法规规定的会计准则为一般原则，如下所示为某公司财务管理制度。

制度范本 财务管理制度

第一章 总则

为了加强财务管理，规范财务工作，促进公司经营业务的发展，提高公司的经济效益，根据国家的财务管理法规、制度的有关规定，结合本公司实际情况，特制定本财务管理。

第二章 财务管理机构和人员

公司的财务管理工作实行统一管理、分级负责原则，在本制度对公司范围内财务工作统一管理、统一指导的基础上，财务管理体系中各层级、各岗位按照相应的职责和权限履行财务管理职责、承担相应的责任。

第三章 财务会计管理

第一条 公司执行统一的会计政策。各部门统一招待国家制定的会计法律法规、会计准则及公司制定的会计政策和会计估计，按照统一口径进行会计核算和编制财务会计报告。会计政策、会计估计和具体会计核算方法及财务报告的编制方法必须符合会计法律法规、会计准则的规定。

第二条 公司财务管理部门应根据国家相关法律法规、准则的规定和本公司的实际情况建立和健全基础财务会计工作管理制度，加强财务会计基础工作的规范化管理，全面提高财务会计工作效率与质量。具体会计核算方法和日常财务会计工作管理要求由公司财务管理部门制订的内部财务会计工作管理制度进行规范。保证会计数据的真实、准确、及时和完整。

第三条 公司应建立完善的财务会计信息和会计档案管理制度，保证财务会计信息和会计档案的完全和完整，严格按照国家规定的期限妥善保管财务会计档案。

第四章 经营计划和预算管理

第一条 公司实行统一的经营计划管理，并实行全面预算管理。各部门应根据上级批复经营计划制定相应的预算，并通过财务预算的编制、审批和执行严格控制各部门的成本费用开支和增加各项业务收入，确保各项经营计划和财务目标如期实现。经营计划和财务预算的执行情况作为各部门经营绩效考核的重要依据。

第二条 公司各部门应制定财务预算的编制、执行、监督的具体流程和基础工作制度，对预算工作实行规范化管理。

第三条 财务部门应向公司领导提供编制年度成本费用预算和各期成本费用预算完成情况的财务数据。

第五章 资产管理

第一条 公司应建立健全资产管理制度，依法经营公司资产，保证公司资产安全完整和保值增值。

第二条 公司的资产由其所在部门按以下原则确定主要归口管理部门。

1. 货币资金、应收及预付款项、长期股权投资、无形资产、交易性金融资产由财务部门管理。

2. 固定资产按照实际使用部门负责管理。

3. 软件项目及研发用设备物料由研发部门负责管理。

各项资产统一由财务部核算，财务部应对资产的管理履行会计监督职责。在资产的日常管理过程中涉及其他部门职责的，相关部门应予以配合。

第六章 负债、筹资及担保的管理

第一条 公司企业债券、银行信托资金、银行贷款等对外举债行为需经总裁办公会、董事会按照规定权限审批。

第二条 公司根据自身实际情况确定合理的资本结构，据此合理控制负债规模、水平及清偿，充分利用财务杠杆效应，并有效控制负债带来的财务风险。

第七章 收入与成本的管理

第一条 公司应严格按照《企业会计准则》和公司有关收入确认原则、方法确认收入的实现。

第二条 公司所有收入，包括软件收入、硬件收入、服务外包收入以及各种补贴收入等，都必须全部、及时地纳入账内核算，不得将收入转出私设小金库。公司应就所取得的收入按国家税收政策法规的规定，正确计算、按时交纳税金。严禁违反国家税收法规的规定进行偷税、逃税。

第八章 利润分配

第一条 公司的利润分配按《公司法》和公司章程规定，经董事会审批后实施。

第二条 公司按利润分配方案提取的法定公积金，只能用于扩大公司生产经营、弥补公司亏损或增加公司资本，不能用于其他用途。

第九章 财务会计报告

第一条 公司应按照国家财务会计制度、企业会计准则的要求就报告期内的财务状况、经营成果和现金流量等情况，依据相同的基础和方法编制、提供财务会计报告。

第二条 公司统一组织年度财务决算和日常财务会计报告编报工作，及政府规定的其他财务会计相关报表、报告的编报工作。

第三条 公司财务部门应及时按规定报送财务报告。

第十章 审计监督

公司应建立内部审计制度，配备内部审计人员，在条件成熟时设立专门的内部审计机构。内审机构和人员对公司行使内部审计监督权。

第十一章 附则

第一条 本制度由公司财务部负责解释。

第二条 本制度自发布之日实施。

上述财务管理制度包含总则、财务管理机构和人员、财务会计管理、经营计划和预算管理、资产管理等内容。新公司要结合本公司的实际情况来制定财务管理制度。

6.2 公司初始财务建账规划

建账是指建立公司的财务系统，为保证公司的正常运转，新公司有必要在成立时就建账，可以说，建账是财务管理的基础。另外，建账也是法律法规的基本要求。

6.2.1 财务建账要准备什么

公司建账首先要选择会计准则，有《小企业会计准则》和《企业会计准则》，两者的适用范围不同。《企业会计准则》适用于在中华人民共和国境内设立的企业（包括公司），《小企业会计准则》适用于在中华人民共和国境内依法设立的、符合《中小企业划型标准规定》所规定的小型企业标准的企业。下列 3 类小企业除外。

①股票或债券在市场上公开交易的小企业。

②金融机构或其他具有金融性质的小企业。

③企业集团内的母公司和子公司。

公司可以查看自己是否符合《中小企业划型标准规定》所规定的小型企业标准。当然，小企业也可以选择执行《企业会计准则》，在科目的设置上，《小企业会计准则》比《企业会计准则》少。

建账的"账"是指会计账簿，所以，新公司建账还要准备好账簿。建立的账簿要与公司相适应，新设立的公司由于业务活动相对简单，需要准备的会计账簿册数也相对较少，主要需要设置现金日记账、银行存款日记账、总分类账和明细分类账。

- **现金日记账**：用于反映库存现金的收入、付出及结余情况，一般公司只设一本现金日记账。但如有外币，应根据不同的币种分别设现金日记账。该账簿采用订本式账簿，账页格式一般为三栏式。

● **银行存款日记账**：用于记录银行存款收支业务，根据每个银行账号单独设立一本账。如果公司只开立了基本账户，那么就只需设置一本银行存款日记账。

● **总分类账**：也被称为总账，用以记录各会计要素具体内容增减变动总括情况，一般公司只设一本总账。

● **明细分类账**：也被称为明细账，该账簿采用"活页式"账页。明细账有多种格式，公司通常需要准备数量金额式的账页、多栏式的账页、三栏式的账页、应交增值税的明细账单账页。

知识贴士 备查账簿的设置

备查账簿可以根据公司需要来设置，属于辅助性账簿，对序时账簿和分类账簿起补充作用。可分为应收账款备查簿、应收票据备查簿、分期收款发出商品备查簿、受托加工来料备查簿、代管商品备查簿、临时租入固定资产备查簿和出租出借包装物备查簿等。

预备好相关账簿后，还要准备记账所需的用品，如（红、蓝）圆珠笔、黑色签字笔、尺子、胶水、曲别针、订书机、复写纸、计算器、印泥、现金收讫章等，可根据实际需要调整。

公司的记账方式有手工记账和会计电算化记账两种，电算化记账需要准备并在计算机上安装好会计软件，如用友会计软件和金蝶会计软件。新公司可以根据实际情况选择记账方式，采用电算化记账并不是完全摒弃手工记账，两者是相辅相成的。

新公司建账要准备的基本材料除了账簿还有凭证，凭证主要是指记账凭证，包括收款凭证、付款凭证和转账凭证，除此之外，还包括原始凭证，如发货票、收货单以及各种报销单据。

6.2.2　认识会计科目

　　会计科目是对会计要素对象的具体内容进行分类核算的类目。具备了会计科目相关知识，才能做好会计核算和会计监督等财务工作。按照核算信息详略程度，会计科目分为总分类科目和明细分类科目。

　　总分类科目又称一级科目或总账科目，"原材料""现金""应收账款"等都为总分类科目。明细分类科目又称二级或三级科目，是更为详细的分类，如原材料可分为甲材料和乙材料，见表 6-1。

表 6-1　总分类科目和明细分类科目关系

总分类科目	明细分类科目	
	二级明细科目	三级明细科目
原材料	原料及主要材料	甲材料
		乙材料
	辅助材料	染料
		催化剂

　　现行会计准则按照交易或者事项的经济特征确定了六大会计要素，会计科目按其归属的会计要素可分为资产类科目、负债类科目、共同类科目、所有者权益类科目、成本类科目和损益类科目。

　　资产类科目。 按资产的流动性分为流动资产和非流动资产两大类，该科目包含库存现金、银行存款、应收票据、预付账款、贷款、固定资产、累计折旧和无形资产等。

　　负债类科目。 可分为流动负债、长期负债及其他负债，该科目包含短期借款、应付票据、应付账款、应付职工薪酬、应交税费、长期借款、长期债券和长期应付款等。

　　共同类科目。 既有资产性质，又有负债性质，需要从其期末余额所在方向界定其性质，该科目多为保险、金融等公司使用，包含清算资金往来、衍生工具等。

所有者权益类科。按权益的形成和性质可分为反映资本的科目和反映留存收益的科目，该科目包含实收资本、资本公积、本年利润和利润分配等。

成本类科目。反应成本费用和支出，该科目包含生产成本、制造费用、劳务成本和研发支出等。

损益类科目。分为收入类科目和费用类科目，该科目包含主营业务收入、利息收入、其他业务收入、投资收益、主营业务成本、销售费用、管理费用和财务费用等。

每个大类科目包含了很多小科目，每个科目都有对应的编号，采用会计电算化记账的，可以输入科目编号来确定科目，如库存现金的编号是1001、银行存款的编号是1002，会计人员应熟背会计科目。

6.2.3 你知道怎么记账吗

普通家庭记账并没有过多的限制，只要自己能看懂就行。公司记账则不同，公司记账要根据所发生的经济业务，按照一定的记账规则和流程来记录。会计记账的方法有单式记账法和复式记账法。

单式记账法只在一个账户中进行登记，记账手续比较简单，但不能全面系统地反映企业经济业务的来龙去脉，所以，一般用于家庭记账。复式记账法又分为借贷记账法、收付记账法和增减记账法。目前普遍采用借贷记账法，这里重点介绍借贷记账法。

借贷记账法的记账符号是"借"和"贷"，记账规则是"有借必有贷，借贷必相等"，理论依据是"资产 = 负债 + 所有者权益"会计等式。在借贷记账法下，记账要按照以下步骤进行。

①分析公司发生的经济业务性质，确定涉及的账户性质，如是资产类、负债类还是权益类账户。

②结合具体的经济业务，确定需要的会计科目，如资产类科目中的库存现金、银行存款。

③根据借贷记账法原则，登记借方和贷方，记入借方的金额等于记入贷方的金额。

在借贷记账法下，账户的左方为借方，右方为贷方，借方和贷方按相反方向记录增加数和减少数。进行账务处理时，常用以下几种账户结构，资产类账户、负债及所有者权益账户、成本类账户、损益类账户（包括收入类账户和费用类账户），不同账户结构的记账规则有所不同，见表6-2。

表6-2 不同账户结构的记账规则

账户性质	记账规则
资产类账户	借方登记增加额，贷方登记减少额，期末余额一般在借方，有的账户可能无余额
负债及所有者权益账户	借方登记减少额，贷方登记增加额，期初余额和期末余额都在贷方，与资产类账户相反，有时可能无余额
成本类账户	借方登记增加额，贷方登记减少额，与资本类账户基本相同
收入类账户	借方登记减少额，贷方登记增加额，结转后无余额
费用类账户	借方登记增加额，贷方登记减少额，结转后无余额

当公司发生经济业务后，需要运用借贷记账法记录应借、应贷账户名称和金额，这就是会计分录。以将10 000.00元现金存入银行为例，书写会计分录时要包含记账方向（借方或贷方），账户名称（会计科目）和金额，如图6-1所示。

先借后贷，借、贷后加"："   科目与金额之间要有适当的空格

借：银行存款　　　10 000

贷：库存现金　　　10 000

"贷"字与借方科目首个文字对齐　　借方金额和贷方金额适当错开

图 6-1　会计分录书写格式

如果会计分录涉及多个科目，则借方（贷方）所有一级科目要对齐，借方（贷方）金额个位数右对齐，二级科目前要加破折号，如以下会计分录。

借：应收账款　　　　　　　　　　　10500

　　贷：主营业务收入　　　　　　　　　10000

　　　　应交税费——增值税　　　　　　　500

实际工作中，会计分录填制在记账凭证上，因此，记账凭证也被称为分录凭证，如图 6-2 所示。

记　账　凭　证						
			年　月　日			记字第　　号
摘　要	总账科目	明细科目	记账√	借方金额 千百十万千百十元角分	记账√	贷方金额 千百十万千百十元角分　记账符号
	合计					

会计主管　　　记账　　　出纳　　　审核　　　制单

图 6-2　记账凭证

📎 知识贴士　认识试算平衡

在借贷记账法下，试算平衡可用来检查账户记录是否正确，实际工作中，通过编制试算平衡表来验证会计分录的准确性。

6.3 第一次做账如何进行

公司做账会经常与各种凭证、账簿打交道，会计凭证和账簿都要采用正确的方法填制，这样才能准确反映公司真实、合法的经济活动，本节就来看看会计凭证和账簿的填制。

6.3.1 会计做账的凭证有哪些

会计凭证是记录经济业务发生或者完成情况的书面证明，也是登记账簿的依据，分为原始凭证和记账凭证。

◆ 原始凭证

原始凭证是直接取得或者填制的，用来反映公司经济业务并用作记账的原始依据。原始凭证要包含以下几点基本要素：凭证的名称；填制凭证的日期；填制凭证单位名称或者填制人姓名；经办人员的签名或者盖章；接受凭证单位名称；经济业务内容、数量、单价和金额。

原始凭证有外来原始凭证和自制原始凭证，常见的发票、外企业开具的收据、银行的收账通知单、员工报销提供的车票都是外来原始凭证。增值税普通发票（票样），如图 6-3 所示。

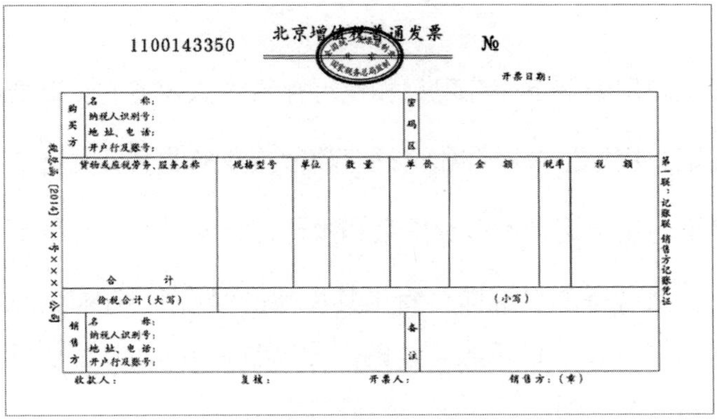
1100143350　北京增值税普通发票　№

开票日期：

购买方	名　　称： 纳税人识别号： 地 址、电 话： 开户行及账号：				密码区			
货物或应税劳务、服务名称	规格型号	单位	数 量	单 价	金　额	税率	税　额	
合　　计								
价税合计（大写）					（小写）			
销售方	名　　称： 纳税人识别号： 地 址、电 话： 开户行及账号：				备注			

收款人：　复核：　开票人：　销售方：（章）

税总函〔2014〕××号××××公司

第一联：记账联　销售方记账凭证

图 6-3　增值税普通发票（票样）

自制原始凭证是由公司内部经办部门或人员填制的，公司的领料单、收料单、出库单等都是自制原始凭证。领料单，如图 6–4 所示。

领料单

领料部门：　　　　　　　　　　　　　　　　　　　　发料仓库：

用途：　　　　　　　　　　年　月　日　　　　　　编号：

编号	名称	规格	单位	请领数量	实发数量	备注

制单：　　　　审核：　　　　领料人：　　　　发料人：

①存根（白）②记账（红）③结算（蓝）

图 6–4　领料单

◆ 记账凭证

记账凭证是财会部门根据原始凭证填制的，作为记账依据的会计凭证。记账凭证有统一的格式，是公司进行会计核算的基础。记账凭证要包含以下基本要素：填制凭证的日期；凭证编号；经济业务摘要；会计科目；金额；所附原始凭证张数；填制凭证人员、稽核人员、记账人员、会计机构负责人（会计主管人员）签名或者盖章。

按照用途，记账凭证可分为专用记账凭证和通用记账凭证，前面展示了通用记账凭证，这里来看看几种专用记账凭证，日常账务处理中，常见的有三种。

收款凭证。用于记录库存现金和银行存款收款业务的记账凭证。

付款凭证。用于记录现金和银行存款付款业务的会计凭证。

转账凭证。用于记录不涉及现金和银行存款业务的会计凭证。

从专用记账凭证的名称即可看出其反映的经济业务内容，在登记库存现金日记账、银行存款日记账时，就需要以收款凭证、付款凭证为依据。收款凭证，如图 6–5 所示。

<table>
<tr><td colspan="11" align="center">收 款 凭 证</td></tr>
</table>

借方科目：银行存款				年　月　日										银收字第　号	

收款凭证表格：

摘　要	贷方总账科目	明细科目	记账√	金额 亿 千 百 十 万 千 百 十 元 角 分	附件 张
合计（大写）：					
会计主管：　　　记账：　　　出纳：　　　审核：　　　制单：					

图 6-5　收款凭证

6.3.2　这样填写会计凭证

会计凭证应按要求填写，下面分别来看看原始凭证和记账凭证的填写要求。填写原始凭证时要注意以下几点。

- **真实和完整**：填列的内容、数字必须真实可靠，不能弄虚作假，更不能伪造凭证。

- **金额填写规范**：填写小写金额时，金额前要加人民币符号"￥"，阿拉伯数字紧接其后，不得留有空白，金额数字填写到角、分，无角、分的，写"00"或符号"－"。大写金额用汉字壹、贰、叁、肆、伍、陆、柒、捌、玖、拾、佰、仟、万、亿、元、角、分、零、整等，以正楷或行书字书写，大写金额到元或角为止的，后面要写"整"或"正"字，有分的，不写"整"或"正"字。

- **签字盖章**：从外单位取得的原始凭证，必须盖有填制单位的公章，对外开出的原始凭证，必须加盖本单位的公章。从个人取得的原始凭证，必须有填制人员的签名或盖章。自制的原始凭证，必须有经办单位的领导人或者由单位领导人指定的人员签名或者盖章。

- **凭证更正**：原始凭证的编号要连续，如果原始凭证已预先印定编号，在写坏作废时，应加盖"作废"戳记，不能撕毁。原始凭证有错误的，应当由出具单位重开或更正，更正处应当加盖出具单位印章。

原始凭证金额有错误的，应当由出具单位重开，不得在原始凭证上更正。

原始凭证是会计凭证的原始依据，要附在记账凭证后。原始凭证的粘贴要注意整齐、平整、均匀，粘贴时小票在下、大票在上，依次从右向左、从下向上按阶梯状粘贴，有的原始凭证纸张会比较大，按封面大小（略小于封面）折叠，最终目的是使会计凭证看起来整齐、美观、大方。

员工在报销时，如果提供的原始凭证单据较多，可以先将这些票据粘贴到“粘贴单”上，然后将粘贴单附在差旅费报销单或费用报销单背面，以汇总、归类原始凭证。粘贴单常见样式，如图 6-6 所示。

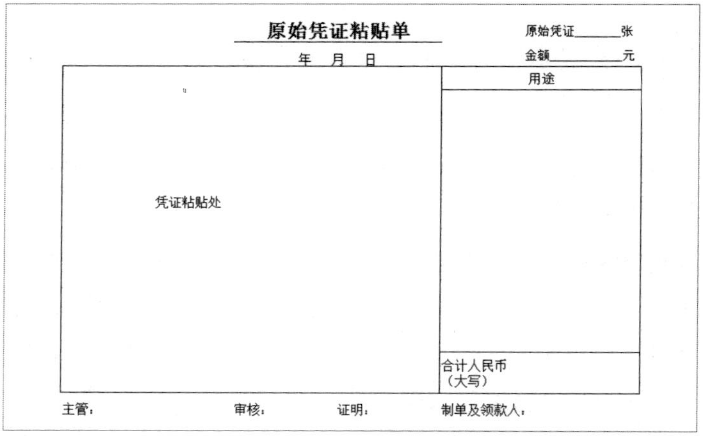
原始凭证粘贴单

原始凭证______张

年 月 日

金额________元

凭证粘贴处	用途
	合计人民币（大写）

主管： 审核： 证明： 制单及领款人：

图 6-6 粘贴单

知识贴士 外来原始凭证的审核

对于外来的原始凭证，财务人员要对其完整性、合规性和真实性进行审核。审核时，查看原始凭证填写的内容是否完整，所记载的经济业务是否符合相关法律法规的规定，书写是否清楚、规范，数量、单价与金额是否正确等。

记账凭证有通用记账凭证和专用记账凭证，通用记账凭证的填制相对比较简单，如图 6-7 所示。

摘要	总账科目	明细科目	记账√	借方金额 千百十万千百十元角分	记账√	贷方金额 千百十万千百十元角分	记账符号
购买固定资产	固定资产	电脑		1 5 0 0 0 0 0			
	固定资产	办公家具		5 0 0 0 0 0			
	银行存款	××支行				2 0 0 0 0 0 0	
合计				¥ 2 0 0 0 0 0 0		¥ 2 0 0 0 0 0 0	

记 账 凭 证
2022 年 05 月 18 日　记字第 4 号
附件 叁 张

会计主管　　记账　　出纳　　审核　　制单

图 6-7　记账凭证填写示例

通用记账凭证是格式统一的记账凭证，上方显示"记账凭证"，凭证字按"记"字编制，按顺序填写编号，如上图中的"记字第 4 号"。摘要是对经济业务的简要说明，如"购买固定资产"。根据经济业务所设事项填写会计分录，填写时借方在前，贷方在后，借贷金额相等。右侧"附件×张"填写所附单据的张数，如这里为 3 张。在凭证最下方，由会计主管、记账、审核、出纳、制单等有关人员签章。

收款凭证和付款凭证的编制方法和填写方式基本相同，只是收款凭证左上角为"借方科目"，右上角有"收"字，凭证中间为贷方科目，见图 6-5。付款凭证左上角为"贷方科目"，右上角有"付"字，凭证中间为借方科目。这里以付款凭证为例，来看看如何填写。

付款凭证用来记录现金、银行存款付款业务，根据审核无误的原始凭证填制的。在凭证左上角"贷方科目"处选填"银行存款"或"库存现金"科目，然后填写财会部门受理经济业务事项制证的日期，凭证右上角填写凭证的顺序编号。摘要为经济业务的简要说明，凭证中间填写会计分录，金额栏填写发生额，合计栏填写各发生额的合计数，如图 6-8 所示。

付 款 凭 证

贷方科目：银行存款　　　　2022年 1 月 7 日　　　　　　银付字第016号

摘　要	借方总账科目	明细科目	记账√	金额
				亿 千 百 十 万 千 百 十 元 角 分
提现金备用	现金			1 0 0 0 0 0 0 0
合计（大写）：				¥ 1 0 0 0 0 0 0 0

会计主管：　　　记账：　　　出纳：　　　审核：　　　制单：

图 6-8　付款凭证填写示例

转账凭证与收 / 付款凭证有所不同，该凭证左上角不设主体科目，填写时按照先借后贷的顺序填入"总账科目"和"明细科目"栏目，并分别记入"借方金额"或"贷方金额"，如图 6-9 所示。

转 账 凭 证

2022 年 2 月 18 日　　　　　　转字第　6　号

摘　要	总账科目	明细科目	借方	贷方	记账符号
			千 百 十 万 千 百 十 元 角 分	千 百 十 万 千 百 十 元 角 分	
领用材料投入生产	生产成本	甲产品	3 2 0 0 0 0 0		
	原材料	A材料		3 2 0 0 0 0 0	
		合计金额	¥ 3 2 0 0 0 0 0	¥ 3 2 0 0 0 0 0	

会计主管　　　记账　　　出纳　　　审核　　　制单

图 6-9　转账凭证填写示例

为更好地保管会计凭证,财务人员要定期将会计凭证装订成册。装订前,先分类整理好会计凭证,按照编号顺序排列,所附的原始凭证要一并装订成册。装订成册的会计凭证应有封面和封底,封面和封底分别附在会计凭证的前面和后面,再拿一张质地相同的纸放在封面上角,做护角线。

凭证封面应注明单位名称、凭证种类、凭证张数、起讫日期等事项,装订要求是美观大方，便于翻阅。会计凭证封面和装订成册的会计凭证，如图 6-10 所示。

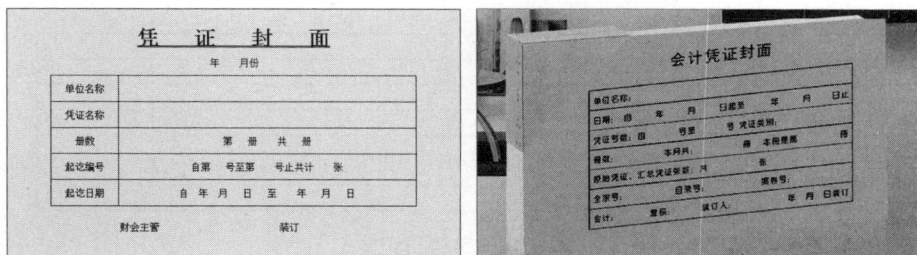

图 6-10　会计凭证封面和装订成册的会计凭证

6.3.3　企业要设置的账簿类型

公司的会计凭证是多而分散的，为便于了解和查阅公司经济业务的变化，会通过登记账簿的形式来全面记录和核算公司的全部经济业务。会计账簿有多种形式，按用途可分为序时账簿、分类账簿和备查账簿。

（1）序时账簿

序时账簿又称为日记账，按照经济业务发生或完成时间的先后顺序逐日逐笔进行登记的账簿。

根据记录内容的不同，分为普通日记账和特种日记账，普通日记账逐日逐笔登记全部经济业务，特种日记账则是逐日逐笔登记某一项目经济业务的序时账簿，根据业务特点和管理需要而定，前面介绍过的现金日记账和银行存款日记账就是特种日记账。

普通日记账格式统一，使用方便，适用范围广泛。主要内容是会计分录，设有借方金额和贷方金额，按照每日发生的经济业务的先后顺序，逐项编制会计分录，如图 6-11 所示。

普 通 日 记 账

年		凭证		会计科目	摘要	借方金额	贷方金额	转账
月	日	字	号					

图 6-11　普通日记账

（2）分类账簿

分类账簿是对全部经济业务事项按照会计要素的具体类别而设置的分类账户进行登记的账簿，包括总分类账和明细分类账。总分类账一般采用三栏式账薄，设有借方、贷方和余额，如图 6-12 所示。

总 账

会计科目及编号名称：＿＿＿＿＿＿＿＿

年		记账凭证号数	摘要	页数	借方								贷方								借或贷	余额							
月	日				百	十	万	千	百	十	元	角	分	百	十	万	千	百	十	元	角	分		百	十	万	千	百	十	元	角	分

图 6-12　总分类账

明细分类账可以根据公司需要来设置，是对总分类账的补充，能对总账账簿做更为详细的说明，常用的格式有三栏式、数量金额式、多栏式和横线登记式。

三栏式明细分类账与总分类账格式基本相同，同样只设借方、贷方和余额，如图 6-13 所示。

明细账

年		记账凭证号数	摘要	页数	借方									贷方									借或贷	余额							
月	日				百	十	万	千	百	十	元	角	分	百	十	万	千	百	十	元	角	分		百	十	万	千	百	十	元	角	分

图 6-13　三栏式明细账

数量金额式明细分类账有收入、发出和结存三栏,栏内再分别设有数量、单价和金额等项目，如图 6-14 所示。

明细账

存货仓名：_____　　规格：_____　　单位：_____

年		记账凭证号数	摘要	页数	收　入												发　出												结　存											
月	日				数量	单价	金　额										数量	单价	金　额									数量	单价	金　额										
							百	十	万	千	百	十	元	角	分			百	十	万	千	百	十	元	角	分			百	十	万	千	百	十	元	角	分		

图 6-14　数量金额式明细账

多栏式明细分类账的格式比较多样化，在一张账页上，按照明细科目分设若干专栏，如图 6-15 所示。

明细账

年		记账凭证号数	摘要	借　方																												贷　方																											借或贷	余　额							
月	日			合　计								进项税额								已交税额								合　计								销项税额								进项税额转出																

图 6-15　多栏式明细分类账

横线登记法明细分类账在账页的同一行内，逐笔逐项登记每笔经济业务的借方和贷方，如图 6-16 所示。

						借方			贷方	余额

明细账

| 年 | 记账凭证号数 | 摘要 | 计量单位 | 发票数量 | 实收数量 | 借方 | | | 贷方 | 余额 |
|月|日| | | | | 发票价格 / 运杂费等 / 合计 | | | | |

图 6-16 横线登记式明细账

（3）备查账簿

备查账簿是对某些在序时账簿和分类账簿等主要账簿中都不予登记或登记不够详细的经济业务事项进行补充登记时使用的账簿，如图 6-17 所示。

本票开具备查登记簿

票据类型：本票

年		凭证		摘要	合同		票据基本情况			出票银行名称	收款人单位名称
月	日	字	号		字	号	号码	签发日期	金额		

图 6-17 本票开具备查登记簿

6.3.4 登记不同种类的会计账簿

公司要根据自身需要来设置不同的会计账簿，在进行会计账簿登记前，要清楚如何正确启用账簿。会计账簿由封面、扉页和账页构成，启用时，在账簿封面写明单位名称、账簿名称，以及所属会计年度等内容（订本账不另设封面）。将账簿启用表附在账簿扉页上，并按要求填写启用说明，其内容包括，账簿编号、启用日期、会计主管姓名和记账人员等，并加盖名章和单位公章，如图 6-18 所示。

账 簿 启 用 表

单 位 名 称									单位盖章
账 簿 名 称									
账 簿 编 号	年 总 册 第 册								
账 簿 页 数	本账簿共计 页 第 页								
启 用 日 期	年 月 日至 年 月 日								
经管人员	负 责 人			主 办 会 计			记 账		
	职别	姓名	盖章	职别	姓名	盖章	职别	姓名	盖章
交接记录	职 别	姓 名	接 管				移 交		印花税票粘贴处
			年	月	日	盖章	年	月	日	盖章

图 6-18　账簿启用表

📎 **知识贴士** 启用账簿的注意事项

　　启用订本式账簿时，页数要从第一页开始按顺序编号，不能跳页。活页式账簿按账户顺序编号，并定期装订成册，装订后按实际使用的账页顺序编定页码，再附上目录，以便记明每个账户的名称和页次。印花税票粘贴在账簿的右上角，并划线注销。

　　正确启用账簿后，就可以根据审核无误的会计凭证登记会计账簿，登记会计账簿要保证内容准确完整，规范书写文字和数字，下面来看看常见的现金日记账和银行存款日记账的登记。

　　◆　现金日记账

　　现金日记账多采用三栏式，由出纳人员根据审核后的现金收付款凭证，按时间顺序登记。现金日记账根据"上行余额＋本行借方－本行贷方＝本行余额"登记，登记时，注意计算的准确性。日期栏登记现金实际收付的日期，摘要栏登记经济业务内容，尽量靠左书写，收付金额登记到借方、贷方栏中，凭证栏登记会计凭证的种类和编号，以便查账，如图6-19所示。

现金日记账

月	日	凭证种类	凭证号数	对方科目	摘要	借方	贷方	余额	核对
10					承前页			115000 00	√
10	3	记	005	管理费用	付办公室报购办公用品费		540 00	109600 00	
10	5	记	007	主营业务收入	收到营业款	150000 00		259600 00	
10	7	记	010	银行存款	取现	300000 00		559600 00	
10	7	记	011	其他应收款	付赵借备用金		20000 00	539600 00	
10	8	记	012	销售费用	付广告宣传费		25000 00	514600 00	
10	9	记	013	管理费用	付办公室报购办公用品费		1380 00	513220 00	
10	9	记	014	主营业务收入	收到营业款	24000 00		524800 00	
10	12	记	015	管理费用	付赵英报差旅费		1500 00	523300 00	
10	20	记	018	管理费用	付办公室报销通讯费		4500 00	518800 00	
10	20	记	018	应付职工薪酬	付职工生活费		10000 00	508800 00	
10	23	记	023	管理费用	付驾驶员车辆使用费		3240 00	505560 00	
10	25	记	021	其他应收款	垫付销售部赵鑫医药费		20000 00	485560 00	
10	31	记	024	管理费用	付10月水电费		2595 00	459610 00	
10	31	记	025	主营业务收入	收到营业款	56000 00		515610 00	
10					本月合计	530000 00	129390 00	515610 00	

图 6-19 登记现金日记账

◆ 银行存款日记账

银行存款日记账是公司重要的会计账簿之一，由出纳人员根据审核无误的银行存款收付款凭证登记，如图6-20所示。

银行存款日记账

开户行 建设银行
账号 62220210001××××

月	日	凭证种类	凭证号数	对方科目	摘要	借方	贷方	余额	核对
					承前页			327576 00	√
11	13	记	010	应付职工薪酬	付10月的职工奖金		22780 00	304796 00	√
11	15	记	011	主营业务收入	收到营业款	8000 00		312796 00	
11	30	记	023	短期借款	借入短期借款	120000 00		432796 00	
11	30	记	024	应付职工薪酬	付11月工资并代扣社保		245440 00	187356 00	√
11	30	记	025	财务费用	付11月银行手续费		105 00	187251 00	√
11	30	记	026	应交税费	付10月应交税费		16213 26	171037 74	√
11					本月合计	128000 00	324538 26	171037 74	
11					本年累计	592050 00	679712 26	171037 74	
12	2	记	001	原材料	付购买原材料价款		30000 00	141037 74	√
12	3	记	002	主营业务收入	收到营业款	38000 00		179037 74	√
12	8	记	004	主营业务收入	收到营业款	57000 00		236037 74	√
12	11	记	007	库存现金	提取现金		20000 00	216037 74	√
12	11	记	010	主营业务收入	收到营业款	76000 00		292037 74	√
12	12	记	013	主营业务收入	收到营业款	83900 00		375937 74	√
12	22	记	016	管理费用	报销差旅费		550 00	375387 74	√
12	25	记	017	主营业务收入	收到营业款	38490 00		413877 74	√
12					过次页				

图 6-20 银行存款日记账

从上图可以看出，银行存款日记账与现金日记账的格式比较相似，登记时，使用公式"上行余额 + 本行借方 − 本行贷方 = 本行余额"。每一账页登记完毕时，结出本月发生额合计和余额，在最后一行的摘要栏中注明"过次页"，并将这一金额记入下一页第一行的金额栏内，摘要栏注明"承前页"。

6.3.5 如何进行对账

财务人员在填制会计凭证，登记账簿的过程中，难免会出现错误，为保证账簿记录正确可靠，要定期进行对账，对账的方法主要有以下 4 种。

（1）账证核对

账证核对即核对账簿记录与会计凭证是否相符，核对的内容包括日期、编号、经济内容、金额、记账方向等，检查两者是否一致。如图 6-21 所示为现金日记账。

财务人员需根据现金日记账一一核对会计凭证，如与下图中 016 号的记账凭证进行核对，核对账证是否相符，若发现差错，要按照规定的方法进行更正，如图 6-21、图 6-22 所示。

现 金 日 记 账

月	日	种类	号数	对方科目	摘要	借方	贷方	余额	核对
11					承前页			5 3 8 4 4 0 0	√
11	25	记	016	主营业务收入	收到营业款	7 2 5 0 0 0		6 1 0 9 4 0 0	√
11	28	记	017	管理费用	付驾驶员报销车辆使用费		3 7 0 0 0	6 0 7 2 4 0 0	√
11	28	记	018	管理费用	付业务招待费		1 5 2 8 0 0	5 9 1 9 6 0 0	√
11	29	记	020	固定资产	付购买笔记本电脑价款		3 0 0 0 0 0	5 6 1 9 6 0 0	√
11	30	记	021	管理费用	付11月水电费		2 0 0 0 0	5 3 3 2 6 0 0	√
11					本月合计	1 5 7 0 0 0 0	1 3 9 3 5 0 0	5 3 3 2 6 0 0	
11					本年累计	6 8 7 0 0 0 0	2 6 8 7 4 0 0	5 3 3 2 6 0 0	√
12	4	记	003	管理费用	付报销邮寄费		7 0 0 0	5 3 2 5 6 0 0	√
12	8	记	005	主营业务收入	收到营业款	8 1 0 0 0 0		6 1 3 5 6 0 0	√
12	11	记	006	销售费用	付广告费		1 9 2 0 0 0	5 9 4 3 6 0 0	√
12	11	记	007	银行存款	提取现金	2 0 0 0 0 0		7 9 4 3 6 0 0	√
12	11	记	008	管理费用	报销车辆使用费		8 1 2 0 0	7 8 6 2 4 0 0	√
12	11	记	009	主营业务收入	收到营业款	2 4 5 0 0 0		1 0 3 1 2 4 0 0	√
12	12	记	011	主营业务收入	收到营业款				

图 6-21 现金日记账

记 账 凭 证

20××年 11 月 25 日　　　　　　　　记字第 16 号

摘　要	总账科目	明细科目	记账✓	借方金额 千 百 十 万 千 百 十 元 角 分	记账✓	贷方金额 千 百 十 万 千 百 十 元 角 分	记账符号
收到营业款	库存现金			7 2 5 0 0 0			附件 2 张
	主营业务收入					6 4 1 5 9 3	
	应交税费	应交增值税（销项税额）				8 3 4 0 7	
合计				¥ 7 2 5 0 0 0		¥ 7 2 5 0 0 0	

会计主管：××　　记账：××　　出纳：××　　审核：××　　制单：××

图 6-22　记账凭证

（2）账账核对

账账核对是指各种账簿之间有关记录的核对，其方法包括总账与所属的明细分类账进行核对；总账与序时账簿进行核对；总账各账户借方期末余额合计数与贷方期末余额合计数进行核对；明细分类账之间进行核对。

结合会计等式和记账规则进行核对，查看各账户之间是否存在不符，若借贷双方金额不平衡，则存在记账错误。如总账与现金日记账核对，查看现金总账与库存现金日记账的期末余额是否相符。

（3）账实核对

账实核对是指各种财产物资的账面余额与实存数额进行核对，主要内容包括以下几点。

- 核对现金日记账账面金额与现金实际库存数是否相符。
- 核对银行存款日记账账面余额与银行对账单余额是否相符。
- 核对应收、应付款项明细账与有关单位账目记录是否相符。
- 核对财产物资明细账与其实有数额是否相符。

（4）账表核对

账表核对是指将财务报表各项目的数据与有关账簿相核对，主要将会计报表与有关总分类账期末余额、明细分类账发生额进行核对。对账表进行核对时，要明确会计账簿与会计报表之间的对应关系，如果不了解它们之间的联系，是很难发现问题的。

6.4 看三大报表了解公司盈利

要了解公司的经营状况，比较直观地就是查看三大报表，包括资产负债表、利润表和现金流量表。公司管理者可以通过这3个报表中的财务数据，了解公司的财务情况。

6.4.1 资产负债表

资产负债表又被称为财务状况表，这说明资产负债表是一张能反映公司财务状况的报表。资产负债表是一张平衡报表，体现了"资产 = 负债 + 所有者权益"这一会计恒等式。要看懂资产负债表，应理解表中的资产、负债及所有者权益的含义。

- **资产**：如库存现金、银行存款、应收票据、应收利息以及其他应收款等事项，资产能给公司带来收益，能够反映公司的实力。
- **负债**：可简单理解为公司对外的欠款，如应付账款、预收款项、长期借款、应付票据等，负债能够反映公司的负债总额及其结构。
- **所有者权益**：资产扣除负债后，由所有者享有的剩余权益，股东对该剩余权益享有分配权，如实收资本、盈余公积等。

资产负债表一般有两种格式，报告式和账户式。报告式为上下结构，上半部列示资产，下半部列示负债和所有者权；账户式为左右结构，左边列示资产，右边列示负债和所有者权益。账户式资产负债表，见表6-3。

表 6-3　账户式资产负债表

资产	年初数	期末数	负债和所有者权益	年初数	期末数
流动资产：			流动负债：		
货币资金			短期借款		
应收账款			应付账款		
预付账款			应付票据		
……			……		
流动资产合计			流动负债合计		
非流动资产：			长期负债：		
股权投资			长期借款		
……			……		
投资合计			长期负债合计		
固定资产原价			所有者权益：		
减：累计折旧			实收资本		
固定资产净值			……		
……			所有者权益合计		
资产合计			负债和所有者权益合计		

　　分析资产负债表时，可以先对资产、负债和所有者权益结构进行分析，然后结合财务指标来了解公司的财务状况。如查看总资产规模的变动情况，看资产规模是增加了，还是减少了，然后看总资产由哪些资产构成，最后具体分析流动资产、非流动资产，如流动资产中主要看应收账款和存货。分析了资产负债表的构成后，结合资产负债率、存货周转率、流动比率、速动比率等财务指标来分析公司的支付能力、资产周转速度和偿债能力等。资产负债率是负债总额占资产总额的百分比，该指标能反映公司负债水平及风险程度。

6.4.2 利润表

利润表又称为损益表，根据"收入－费用＝利润"这一会计等式来编制。利润表关注的是公司的利润情况，能够反映主营业务利润、营业利润、利润总额和净利润。利润表的编制相对简单，有单步式和多步式两种结构，一般采用多步式结构，见表6-4。

表6-4 多步式利润表

项目	行次	本月数	本年累计数
一、营业收入			
减：营业成本			
营业税金及附加			
销售费用			
……			
加：公允价值变动（损失以"－"号填列）			
投资收益（损失以"－"号填列）			
其中：对联营企业和合营企业的投资收益			
二、营业利润（亏损以"－"号填列）			
加：营业外收入			
减：营业外支出			
其中：非流动资产处置损失			
三、利润总额（亏损以"－"号填列）			
减：所得税费用			
四、净利润（亏损以"－"号填列）			
五、每股收益			
（一）基本每股收益			
（二）稀释每股收益			

编制利润表时，先以营业收入为基础，计算营业利润，然后计算利润总额，最后计算净利润。利润表中，营业收入反映公司的利润来源，营业成本是公司经营过程中产生的成本。

营业利润是公司生产经营所获得的利润，可通过分析营业利润是增加还是减少，来了解公司是否稳步经营。

> 营业利润 = 营业收入 − 营业成本 − 营业税金及附加 − 销售费用 −
> 管理费用 − 财务费用 − 资产减值损失 + 公允价值变动收益
> （−公允价值变动损失）+ 投资收益（−投资损失）

结合营业利润率（营业利润 ÷ 营业收入）指标，可以了解公司的盈利能力和竞争力。

对公司来说，毛利率（毛利润 ÷ 营业收入 ×100%）也是很重要的，毛利润是公司主营业务收入扣除主营业务成本后的利润。分析毛利率时可以与同行进行比较，一般来说，品牌知名度高的公司，毛利会较高。接下来可以看看利润总额和净利润，这两个项目的计算公式如下：

> 利润总额 = 营业利润 + 营业外收入 − 营业外支出
> 净利润 = 利润总额 − 所得税费用

利润总额能够反映公司的经营业绩，利润总额为正，说明公司盈利，利润总额为负，公司发生亏损。净利润是公司的税后利润，净利润多，说明公司经营效益好，反之，说明公司经营效益差。

6.4.3　现金流量表

现金流量表反映一定时期（通常是每月或每季）内，公司现金（包含银行存款）的增减变动情况。通过现金流量表，可以了解公司经营活动、投资活动、筹资活动对现金流入流出的影响。比如，经营活动中反映现金流量的事项有：销售商品、提供劳务收到的现金；购买商品、接受劳务支付的现金；支付给职工以及为职工支付的现金；支付的各项税费等。现金流量表，见表 6-5。

表 6-5　现金流量表

项目	金额
一、经营活动产生的现金流量：	
销售商品、提供劳务收到的现金	
……	
经营活动现金流入小计	
购买商品、接受劳务支付的现金	
……	
经营活动现金流出小计	
经营活动产生的现金流量净额	
二、投资活动产生的现金流量：	
收回投资收到的现金	
……	
投资活动现金流入小计	
投资支付的现金	
……	
投资活动现金流出小计	
投资活动产生的现金流量净额	
三、筹资活动产生的现金流量：	
吸收投资收到的现金	
……	
筹资活动现金流入小计	
偿还债务支付的现金	

续表

项目	金额
……	
筹资活动现金流出小计	
筹资活动产生的现金流量净额	
四、汇率变动对现金及现金等价物的影响	
五、现金流量净额	

在现金流量表中，可以很清楚地看出经营活动、投资活动、筹资活动的流入和流出金额。分析时，了解公司现金净流入、净流出的主要方向，比如净流入主要是经营活动，净流出主要是筹资活动。然后，具体分析每个活动的现金流量，如经营活动现金流入的主要来源、现金流出的主要项目。最后，详细分析每个项目，如销售商品、提供劳务收到的现金由哪些部分构成。

实务答疑

问：新公司没有能力建账该怎么办？

答： 生产、经营规模小又确无建账能力的纳税人，可以聘请经批准从事会计代理记账业务的专业机构或者经税务机关认可的财会人员代为建账和办理账务。在选择代理记账机构时，要审查代理记账机构的资质、服务质量以及口碑等，签合同前与代理记账机构沟通好服务的范围、费用。

问：如何判断发票的真伪？

答： 收到发票后，可进入全国增值税发票查验平台，输入发票代码、发票号码、开票日期、开具金额和验证码查验发票真伪，电子发票可下载增值税电子发票版式文件阅读器，查阅电子发票并验证电子签名以及电子发票监制章有效性。普通发票采用专用防伪无碳复写纸，将发票放在验钞机或其他紫外光光源下观察，可以看到多根弯曲状防伪荧光纤维。也可以使用加热器靠近发票记账联、发票联纸张，如吹风机、电熨斗等，真发票纸张背面被加热的部位会由白色变为粉红色，颜色不可逆。使用硬物用力快速划过发票纸张，如牙签、指甲等，真发票会呈现淡蓝色的线条。

第 7 章

税务管理提高办税效率

新公司在经营过程中要遵守相关税收法律法规，做好税务管理工作，以防范税务风险。另外，公司要健康持续发展，也需要做好税收筹划工作，根据公司实际优化纳税流程，提高办税效率。

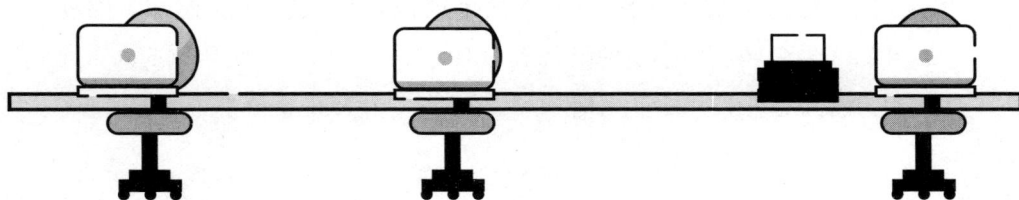

7.1　纳税人资格认定

新公司在进行税务报到时，就会涉及纳税人资格认定的问题。一般纳税人和小规模纳税人认定标准有所不同，税率计算、计税方法、使用的发票和适用的税收优惠政策也有区别。

7.1.1　一般纳税人和小规模纳税人

很多公司在核税时都会纠结是选择一般纳税人还是小规模纳税人，具体可以根据自身规模和经营需要来选择，下面来看看小规模纳税人和一般纳税人的认定标准。

◆　小规模纳税人

小规模纳税人是指年销售额在规定标准以下，并且会计核算不健全，不能按规定报送有关税务资料的增值税纳税人，根据《中华人民共和国增值税暂行条例实施细则》，小规模纳税人的标准为：

> （一）从事货物生产或者提供应税劳务的纳税人，以及以从事货物生产或者提供应税劳务为主，并兼营货物批发或者零售的纳税人，年应征增值税销售额（以下简称应税销售额）在 50 万元以下（含本数，下同）的；
>
> （二）除本条第一款第（一）项规定以外的纳税人，年应税销售额在80 万元以下的。
>
> 本条第一款所称以从事货物生产或者提供应税劳务为主，是指纳税人的年货物生产或者提供应税劳务的销售额占年应税销售额的比重在50% 以上。

根据《税务总局关于统一增值税小规模纳税人标准的通知》财税〔2018〕33 号，增值税小规模纳税人标准为年应征增值税销售额 500 万元及以下。也就是说小规模纳税人的认定标准是：年应征增值税销售额 ≤ 500

万元、不能正常核算增值税、不能按规定报送税务资料的纳税人。

◆ 一般纳税人

一般纳税人指年应征增值税销售额超过国务院财政、税务主管部门规定的小规模纳税人标准的纳税人。根据《增值税一般纳税人资格认定管理办法》，年应税销售额未超过财政部、国家税务总局规定的小规模纳税人标准以及新开业的纳税人，可以向主管税务机关申请一般纳税人资格认定。对提出申请并且同时符合下列条件的纳税人，主管税务机关应当为其办理一般纳税人资格认定。

（一）有固定的生产经营场所；

（二）能够按照国家统一的会计制度规定设置账簿，根据合法、有效凭证核算，能够提供准确税务资料。

第五条 下列纳税人不办理一般纳税人资格认定：

（一）个体工商户以外的其他个人；

（二）选择按照小规模纳税人纳税的非企业性单位；

（三）选择按照小规模纳税人纳税的不经常发生应税行为的企业。

7.1.2 确认企业是哪类纳税人资格

年应税销售额是认定小规模纳税人和一般纳税人的标准，年应税销售额是指纳税人在连续不超过 12 个月或 4 个季度的经营期内累计应征增值税销售额，包括纳税申报销售额、稽查查补销售额、纳税评估调整销售额。

根据这一认定标准，公司在进行纳税人资格认定时，可以根据规模来选择，如果公司一年的销售收入超过 500.00 万元，那么建议直接申请认定为一般纳税人。小规模纳税人和一般纳税人的区别，见表 7-1。

表 7-1　小规模纳税人与一般纳税人的区别

小规模纳税人	一般纳税人
适用简易计税方法计税，适用 3% 等征收率	适用一般计税方法计税，适用 13%、9%、6% 等税率，符合条件可以适用简易计税方法
不能自行开具增值税专用发票（住宿业、工业、商务服务业和其他服务业小规模纳税人除外）	可以自行开具增值税专用发票
取得的增值税专用发票不能抵扣税款	取得的增值税专用发票可按规定抵扣税款
应纳税额计算公式为：应纳税额 = 销售额 × 征收率	应纳税额为当期销项税额抵扣当期进项税额后的余额。应纳税额计算公式为：应纳税额 = 当期销项税额 − 当期进项税额
按季度进行增值税申报	按月度进行增值税申报
满足一般纳税人登记要求的，可以申请转为一般纳税人	一般纳税人符合一定条件的，可以选择登记为小规模纳税人

根据上述区别，公司客户如果对发票种类和税率有要求，那么也建议选择一般纳税人。对于某些行业来说，政策上会有一定的税收优惠，此类行业可以考虑能享受税收优惠的纳税人资格。

7.2　了解公司能享受的税收优惠

公司作为纳税人，要经常关注相关的税收优惠政策，看自己是否为符合政策享受条件的企业，如果是则可以在纳税申报时按规定填写申报表，以享受政策优惠。

7.2.1 企业所得税税收优惠项目

企业所得税是对我国境内的企业和其他取得收入的组织的生产经营所得和其他所得征收的一种所得税。企业所得税按纳税年度计算，纳税年度自公历 1 月 1 日起至 12 月 31 日止。企业每一纳税年度的收入总额，减除不征税收入、免税收入、各项扣除以及允许弥补的以前年度亏损后的余额，为应纳税所得额。根据《中华人民共和国企业所得税法》（以下简称企业所得税法），收入总额中的下列收入为不征税收入：

（一）财政拨款；

（二）依法收取并纳入财政管理的行政事业性收费、政府性基金；

（三）国务院规定的其他不征税收入。

根据《税务总局关于发布修订后的 < 企业所得税优惠政策事项办理办法 > 的公告》（2018 年第 23 号），符合条件的企业可以按照《企业所得税优惠事项管理目录（2017 年版）》（以下简称《目录》），列示的时间自行计算减免税额。《企业所得税优惠事项管理目录（2017 年版）》部分内容，见表 7-2。

表 7-2 企业所得税优惠事项管理目录部分内容

优惠事项名称	主要留存备查资料	享受优惠时间
国债利息收入免征企业所得税	1. 国债净价交易交割单 2. 购买、转让国债的证明，包括持有时间、票面金额、利率等相关材料 3. 应收利息（投资收益）科目明细账或按月汇总表 4. 减免税计算过程的说明	预缴享受
取得的地方政府债券利息收入免征企业所得税	1. 购买地方政府债券证明，包括持有时间、票面金额、利率等相关材料	

续表

优惠事项名称	主要留存备查资料	享受优惠时间
取得的地方政府债券利息收入免征企业所得税	2. 应收利息（投资收益）科目明细账或按月汇总表 3. 减免税计算过程的说明	预缴享受
综合利用资源生产产品取得的收入在计算应纳税所得额时减计收入	1. 企业实际资源综合利用情况（包括综合利用的资源、技术标准、产品名称等）的说明 2. 综合利用资源生产产品取得的收入核算情况说明	预缴享受
企业为获得创新性、创意性、突破性的产品进行创意设计活动而发生的相关费用加计扣除	1. 创意设计活动相关合同 2. 创意设计活动相关费用核算情况的说明	汇缴享受
动漫企业自主开发、生产动漫产品定期减免企业所得税	1. 动漫企业认定证明 2. 动漫企业认定资料 3. 动漫企业年审通过名单 4. 获利年度情况说明	预缴享受

7.2.2 小型微利企业所得税优惠

针对小型微利企业，政策上也有税收优惠。比如，《财政部 税务总局关于小微企业和个体工商户所得税优惠政策的公告》（2023 年第 6 号），关于小微企业所得税减半政策的事项如下：

一、对小型微利企业年应纳税所得额不超过 100 万元的部分，减按 25% 计入应纳税所得额，按 20% 的税率缴纳企业所得税。

二、对个体工商户年应纳税所得额不超过 100 万元的部分，在现行优惠政策基础上，减半征收个人所得税。

需要注意，只有符合条件的小型微利企业才能享受对应的税收优惠，具体要满足以下条件。

①从事国家非限制和禁止行业。

②年度应纳税所得额不超过 300 万元。

③从业人数不超过 300 人。

④资产总额不超过 5 000 万元。

上述条件中的从业人数包括与企业建立劳动关系的职工人数和企业接受的劳务派遣用工人数。从业人数和资产总额指标应按企业全年的季度平均值确定。具体计算公式如下：

$$季度平均值＝（季初值＋季末值）÷2$$
$$全年季度平均值＝全年各季度平均值之和 ÷4$$

年度中间开业或者终止经营活动的，以其实际经营期作为一个纳税年度确定上述相关指标。

符合税收优惠条件的小型微利企业，可以通过办税服务厅（场所）、电子税务局，在预缴和汇算清缴企业所得税时，通过填写纳税申报表相关内容，享受小型微利企业所得税减免政策。

7.2.3　企业初创期税费优惠

对于初创期的企业，除了有普惠性税收优惠外，国家还给予企业一定的金融支持，如小微企业税费优惠、重点群体创业就业税费优惠和创业投资税收优惠等。下面来看看企业初创期的税费优惠政策，见表 7-3。

表 7-3　企业初创期税费优惠政策

优惠事项名称	优惠内容
个体工商户应纳税所得额不超过 100 万元的部分个人所得税减半征收	2023 年 1 月 1 日至 2024 年 12 月 31 日，对个体工商户经营所得年应纳税所得额不超过 100 万元的部分，在现行优惠政策基础上，再减半征收个人所得税
符合条件的企业暂免征收残疾人就业保障金	自 2023 年 1 月 1 日至 2027 年 12 月 31 日，在职职工人数在 30 人（含）以下的企业，暂免征收残疾人就业保障金
符合条件的缴纳义务人免征有关政府性基金	按月纳税的月销售额不超过 10 万元，以及按季度纳税的季度销售额不超过 30 万元的缴纳义务人免征教育费附加、地方教育附加、水利建设基金
符合条件的增值税小规模纳税人免征文化事业建设费	增值税小规模纳税人中月销售额不超过 2 万元（按季纳税 6 万元）的企业和非企业性单位提供的应税服务，免征文化事业建设费
金融机构小微企业及个体工商户小额贷款利息收入免征增值税	1.2023 年 12 月 31 日前，对金融机构向小型企业、微型企业及个体工商户发放小额贷款取得的利息收入，免征增值税 2.2018 年 9 月 1 日至 2023 年 12 月 31 日，对金融机构向小型企业、微型企业和个体工商户发放小额贷款取得的利息收入，免征增值税
账簿印花税减免	自 2018 年 5 月 1 日起，对按万分之五税率贴花的资金账簿减半征收印花税，对按件贴花五元的其他账簿免征印花税
重点群体创业税费扣减	自 2019 年 1 月 1 日至 2025 年 12 月 31 日，上述人员从事个体经营的，自办理个体工商户登记当月起，在 3 年（36 个月，下同）内按每户每年 12 000 元为限额依次扣减其当年实际应缴纳的增值税、城市维护建设税、教育费附加、地方教育附加和个人所得税。限额标准最高可上浮 20%，各省、自治区、直辖市人民政府可根据本地区实际情况在此幅度内确定具体限额标准

除以上一些减税降费政策外，针对企业成长期、成熟期，对于一些特殊的产业和行业，以及特定区域还有具体的优惠政策，如以下一些方面。

①研发费用加计扣除，2018 年 1 月 1 日至 2023 年 12 月 31 日期间，企业开展研发活动中实际发生的研发费用，未形成无形资产计入当期损益的，在按规定据实扣除的基础上，按照实际发生额的 75%，在税前加计扣除；企业开展研发活动中实际发生的研发费用形成无形资产的，按照无形资产成本的 175% 在税前摊销。

②自 2020 年 1 月 1 日起至 2024 年 12 月 31 日，对注册在海南自由贸易港并实质性运营的鼓励类产业企业，减按 15% 的税率征收企业所得税；对在海南自由贸易港设立的旅游业、现代服务业、高新技术产业企业新增境外直接投资取得的所得，免征企业所得税。

③国家重点扶持的高新技术企业减按 15% 税率征收企业所得税。

④自 2020 年 1 月 1 日起，国家鼓励的软件企业，自获利年度起，第一年至第二年免征企业所得税，第三年至第五年按照 25% 的法定税率减半征收企业所得税。

7.2.4 小规模纳税人有哪些税收优惠

为进一步支持小微企业发展，针对小规模纳税人，也有相应的税收减免政策，如根据《财政部 税务总局关于明确增值税小规模减免增值税等政策的公告》（2023 年第 1 号），小规模纳税人可以享受以下增值税减免政策。

一、增值税小规模纳税人（以下简称小规模纳税人）发生增值税应税销售行为，合计月销售额未超过 10 万元（以 1 个季度为 1 个纳税期的，季度销售额未超过 30 万元，下同）的，免征增值税。

小规模纳税人发生增值税应税销售行为，合计月销售额超过 10 万元，但扣除本期发生的销售不动产的销售额后未超过 10 万元的，其销售货物、劳务、服务、无形资产取得的销售额免征增值税。

二、适用增值税差额征税政策的小规模纳税人，以差额后的销售额确定是否可以享受 1 号公告第一条规定的免征增值税政策。

根据《财政部 税务总局关于明确增值税小规模纳税人免征增值税等政策的公告》（财政部 税务总局公告 2023 年第 1 号）：

> 自 2023 年 1 月 1 日至 2023 年 12 月 31 日，对月销售额 10 万元以下（含本数）的增值税小规模纳税人，免征增值税。

根据上述内容，在 2023 年 12 月 31 日前，月销售额 10 万元以下的小规模纳税人可以享受免征增值税的优惠政策。对于按规定享受增值税优惠政策的小规模纳税人，只需在增值税纳税申报时按规定填写申报表即可享受优惠，相关政策规定的证明材料要留存备查，申报时注意两点要求。

①按固定期限纳税的小规模纳税人可以选择以一个月或一个季度为纳税期限，一经选择，一个会计年度内不得变更。

②符合条件的小规模纳税人应填写《增值税及附加税费申报表（小规模纳税人适用）》。其中，企业享受本项优惠的，填写第 10 行"小微企业免税销售额"；个体工商户和其他个人享受本项优惠的，填写第 11 行"未达起征点销售额"。

税收政策经常会发生变化，公司税务人员要关注最新的优惠政策，了解税收优惠政策的享受方式、申报要求等，并应用在实际工作中，为公司减轻一些负担。具体可通过当地办税服务厅或者税务局官网了解税收政策，下面来看看如何通过税务总局网站查看税收政策。

实务案例 查看税收优惠政策

进入国家税务总局网站，单击"税收政策"超链接，如图 7-1 所示。

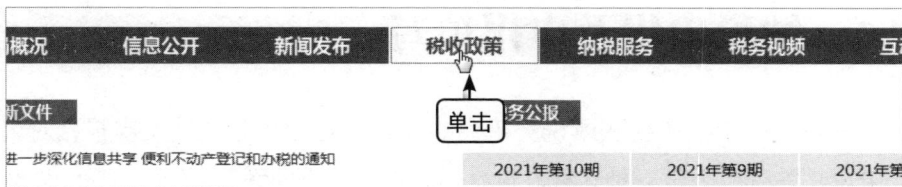

图 7-1 进入国家税务总局官网

在打开的页面中可以查看到最新文件和政策解读等内容，在页面底部有政策指引和图解税收两个版块，可通过这两个版块查看税收优惠政策，单击相关超链接，如单击"软件企业和集成电路企业税费优惠政策指引"，如图 7-2 所示。

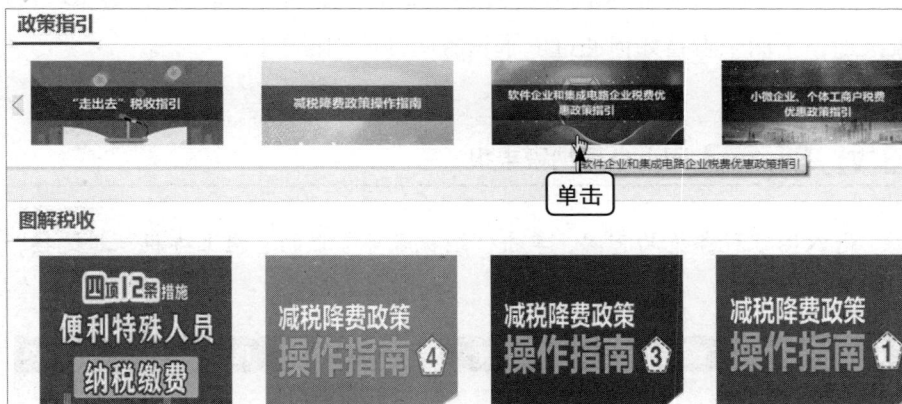

图 7-2 查看政策指引

在打开的页面中可以查看到具体的税费优惠政策内容，如图 7-3 所示。

图 7-3 查看税费优惠政策

7.3 纳税申报及申报填写

纳税人需要按照税法或税务机关的有关规定如实办理纳税申报，对公司来说，纳税申报是一种义务，也是税务管理的重要环节。

7.3.1 "非接触式"网上办税缴费

目前，很多涉税事项都可以通过网上办理，为积极应对新型冠状病毒感染肺炎疫情，税务局也提供了各类"非接触式"办税缴费服务渠道，比如电子税务局，一些省级税务机关还提供了移动端 App、微信、公众号办税渠道，下面来看看如何通过电子税务局办理纳税申报。

实务案例 网上办理纳税申报

进入国家税务总局官网，单击"纳税服务"里的"网上办税"超链接，如图 7-4 所示。

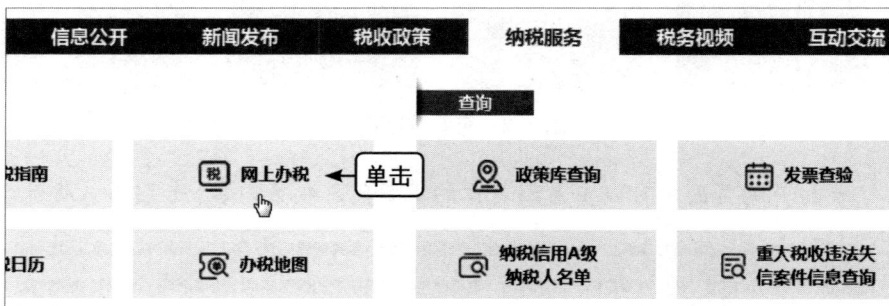

图 7-4 进入国家税务总局官网

在打开的页面中单击自身所在省级税务局的官网超链接，这里单击"北京市税务局"超链接。

进入国家税务总局北京市电子税务局官网，单击"我要办税"超链接，登录账号后选择"税费申报及缴纳"，没有账号可先进行注册，如图7-5所示。

图 7-5　单击"我要办税"超链接

"我要办税"提供纳税人综合信息报告、发票使用、各税费种申报与缴纳、税收减免、证明开具和增值税抵扣凭证管理等涉税事项的办理。

7.3.2　公司纳税申报时间及方式

新公司进行纳税申报有网上申报和上门申报两种，上门申报是指通过当地办税服务厅办理纳税申报。不管是网上申报还是上门申报，都需要在相关法律法规规定的申报期限内办理。

增值税、消费税的纳税期限为 1 日、3 日、5 日、10 日、15 日、1 个月或者 1 个季度。纳税人的具体纳税期限由主管税务机关根据纳税人应纳税额的大小分别核定。不能按照固定期限纳税的，可以按次纳税。

纳税人以 1 个月或者 1 个季度为 1 个纳税期的，自期满之日起 15 日内申报纳税；以 1 日、3 日、5 日、10 日或者 15 日为 1 个纳税期的，自期满之日起 5 日内预缴税款，于次月 1 日起 15 日内申报纳税并结清上月应纳税款。纳税人进口货物，应当自海关填发海关进口增值税专用缴款书之日起 15 日内缴纳税款。

企业所得税按年计算，分月或分季预缴，月（季）度预缴纳税期限为月份或者季度终了之日起的 15 日内。

纳税期限遇最后一日是法定休假日的，以休假日期满的次日为期限的最后一日；在期限内有连续 3 日以上法定休假日的，按休假日天数顺延。

税务局会结合税收征收管理办法和节假日安排，明确年度具体的申报纳税期限，税务人员可查看国家税务总局办公厅发布的通知内容了解纳税期限，以 2022 年为例，实行每月或者每季度期满后 15 日内申报纳税的各税种的纳税申报期限，见表 7-4。

表 7-4　纳税申报期限

序号	纳税申报期限
1	3 月、7 月、8 月、11 月、12 月申报纳税期限分别截至当月 15 日
2	1 月 1 日至 3 日放假 3 天，1 月申报纳税期限顺延至 1 月 19 日
3	2 月 1 日至 6 日放假 6 天，2 月申报纳税期限顺延至 2 月 23 日
4	4 月 3 日至 5 日放假 3 天，4 月申报纳税期限顺延至 4 月 20 日
5	5 月 1 日至 4 日放假 4 天，5 月申报纳税期限顺延至 5 月 19 日
6	6 月 3 日至 5 日放假 3 天，6 月申报纳税期限顺延至 6 月 20 日
7	9 月 10 日至 12 日放假 3 天，9 月申报纳税期限顺延至 9 月 20 日
8	10 月 1 日至 7 日放假 7 天，10 月申报纳税期限顺延至 10 月 25 日

另外，税务人员也可以通过"办税日历"查看纳税期限，下面来看看如何使用办税日历。

实务案例 通过办税日历查看纳税申报期限

进入国家税务总局官网，单击"办税服务"里的"办税日历"超链接，如图 7-6 所示。

图 7-6 进入国家税务总局官网

在打开的页面中可以查看到每个月份的纳税期限，如图 7-7 所示。

图 7-7 2022 年 1 月份办税日历

7.3.3 增值税及附加税费申报的变化

自 2021 年 8 月 1 日起，附加税费申报表与增值税申报表进行整合申报，公司在进行增值税申报时，要填报好申报表、附列资料和其他相关资料，然后再向税务机关进行纳税申报。

增值税小规模纳税人填报"增值税及附加税费申报表（小规模纳税人适用）"及其附列资料；增值税一般纳税人填报"增值税及附加税费申报表（一般纳税人适用）"、附列资料及其他相关资料。下面以增值税小规模纳税人为例，来看看如何填写申报表，如图 7-8 所示。

增值税及附加税费申报表

（小规模纳税人适用）

纳税人识别号（统一社会信用代码）：□□□□□□□□□□□□□□□□□□

纳税人名称：　　　　　　　　　　　　　　　　　　　金额单位：元（列至角分）

税款所属期：　年 月 日至　　年 月 日　　　　　　填表日期：　年 月 日

	项　目	栏次	本期数		本年累计	
			货物及劳务	服务、不动产和无形资产	货物及劳务	服务、不动产和无形资产
一、计税依据	（一）应征增值税不含税销售额（3%征收率）	1				
	增值税专用发票不含税销售额	2				
	其他增值税发票不含税销售额	3				
	（二）应征增值税不含税销售额（5%征收率）	4	——		——	
	增值税专用发票不含税销售额	5	——		——	
	其他增值税发票不含税销售额	6	——		——	
	（三）销售使用过的固定资产不含税销售额	7(7≥8)		——		——
	其中：其他增值税发票不含税销售额	8		——		——
	（四）免税销售额	9=10+11+12				
	其中：小微企业免税销售额	10				
	未达起征点销售额	11				
	其他免税销售额	12				
	（五）出口免税销售额	13(13≥14)				
	其中：其他增值税发票不含税销售额	14				
二、税款计算	本期应纳税额	15				
	本期应纳税额减征额	16				
	本期免税额	17				
	其中：小微企业免税额	18				
	未达起征点免税额	19				
	应纳税额合计	20=15-16				
	本期预缴税额	21			——	——
	本期应补（退）税额	22=20-21			——	——
三、附加税费	城市维护建设税本期应补（退）税额	23				
	教育费附加本期应补（退）费额	24				
	地方教育附加本期应补（退）费额	25				

声明：此表是根据国家税收法律法规及相关规定填写的，本人（单位）对填报内容（及附带资料）的真实性、可靠性、完整性负责。

纳税人（签章）：　　　　　　　　年 月 日

经办人： 经办人身份证号： 代理机构签章： 代理机构统一社会信用代码：	受理人： 受理税务机关（章）： 受理日期：　　年 月 日

图 7-8　增值税及附加税费申报表（小规模纳税人适用）

　　纳税人名称栏填写纳税人名称全称，税款所属期是增值税应纳税额的所属时间。本期数和年累计栏有"货物及劳务"和"服务、不动产和无形资产"两项应税行为，这两项要根据前列项目分别填写。其他栏次的填写，见表 7-5。

表 7-5　增值税及附加税费申报表填写要求

栏次	填写要求
1	本期销售货物及劳务、发生应税行为适用 3% 征收率的不含税销售额
2	自行开具和税务机关代开的增值税专用发票销售额合计
3	增值税发票管理系统开具的增值税专用发票之外的其他发票不含税销售额
4	本期发生应税行为适用 5% 征收率的不含税销售额
7	纳税人销售自己使用过的固定资产和销售旧货的不含税销售额
8	纳税人销售自己使用过的固定资产和销售旧货，在增值税发票管理系统开具的增值税专用发票之外的其他发票不含税销售额
9	销售免征增值税的货物及劳务、应税行为的销售额，不包括出口免税销售额
10	符合小微企业免征增值税政策的免税销售额，不包括符合其他增值税免税政策的销售额，个体工商户和其他个人不填写
11	由个体工商户和其他个人填写，填写个体工商户和其他个人未达起征点（含支持小微企业免征增值税政策）的免税销售额，不包括符合其他增值税免税政策的销售额
12	销售免征增值税的货物及劳务、应税行为的销售额，不包括符合小微企业免征增值税和未达起征点政策的免税销售额
13	出口免征增值税货物及劳务、出口免征增值税应税行为的销售额
14	出口免征增值税货物及劳务、出口免征增值税应税行为，在增值税发票管理系统开具的增值税专用发票之外的其他发票销售额
15	本期按征收率计算缴纳的应纳税额
16	纳税人本期按照税法规定减征的增值税应纳税额，当本期减征额≤第 15 栏"本期应纳税额"时，按本期减征额实际填写；当本期减征额 > 第 15 栏"本期应纳税额"时，按本期第 15 栏填写，本期减征额不足抵减部分结转下期继续抵减
17	填写本期增值税免税额，免税额根据第 9 栏"免税销售额"和征收率计算

续表

栏次	填写要求
18	填写符合小微企业免征增值税政策的增值税免税额,免税额根据第10栏"小微企业免税销售额"和征收率计算
19	填写个体工商户和其他个人未达起征点(含支持小微企业免征增值税政策)的增值税免税额,免税额根据第11栏"未达起征点销售额"和征收率计算
21	填写纳税人本期预缴的增值税额,但不包括查补缴纳的增值税额
23	填写《附列资料(二)》城市维护建设税对应第9栏本期应补(退)税(费)额
24	填写《附列资料(二)》教育费附加对应第9栏本期应补(退)税(费)额
25	填写《附列资料(二)》地方教育附加对应第9栏本期应补(退)税(费)额

申报表整合后,表名、主表的栏次、栏次名称都有变化,同时增加了附列资料,这需要税务人员在填报时注意。

7.3.4　新版预缴款项纳税申报

对于实行按月预缴或按季预缴的企业来说,在进行纳税申报时,也要注意填报上的一些变化。企业所得税月(季)度预缴纳税申报表分为企业所得税月(季)度预缴纳税申报表(A类)和企业所得税月(季)度预缴和年度纳税申报表(B类,2018年版),以下简称A表和B表。A表适用于实行查账征收的居民企业,B表适用于实行核定征收的居民企业。

企业所得税纳税申报表的编号规则是统一的,由一个字母和6个数字构成,如A表编号为A200000,B表编号为B100000。根据《税务总局关于发布<中华人民共和国企业所得税月(季)度预缴纳税申报表(A类)>的公告》(税务总局公告2021年第3号),A表简化了表单样式,分为基础资料、主体两部分构成。

　　总体变化为精简了附表数量，将部分栏次删减，并对栏次进行整合优化，填报方式也进行调整。对于大多数企业来说，只需要填写一张主表即可。在表中可以看到空白明细行次，由企业根据《企业所得税申报事项目录》填写优惠事项或特定事项，如图 7-9 所示。

税款所属期间： 年 月 日至 年 月 日
纳税人识别号（统一社会信用代码）：□□□□□□□□□□□□□□□□□□
纳税人名称： 金额单位：人民币元（列至角分）

优惠及附报事项有关信息

项 目	一季度 季初	一季度 季末	二季度 季初	二季度 季末	三季度 季初	三季度 季末	四季度 季初	四季度 季末	季度平均值
从业人数									
资产总额（万元）									
国家限制或禁止行业	□是□否				小型微利企业				□是□否

附 报 事 项 名 称		金额或选项
事项1	（填写特定事项名称）	
事项2	（填写特定事项名称）	

填报事项名称、该事项本年累计享受金额或选择享受优惠政策的有关信息

	预 缴 税 款 计 算	本年累计
1	营业收入	
2	营业成本	
3	利润总额	
4	加：特定业务计算的应纳税所得额	
5	减：不征税收入	
6	减：资产加速折旧、摊销（扣除）调减额（填写 A201020）	
7	减：免税收入、减计收入、加计扣除（7.1+7.2+…）	
7.1	（填写优惠事项名称）	
7.2	（填写优惠事项名称）	
8	减：所得减免（8.1+8.2+…）	
8.1	（填写优惠事项名称）	
8.2	（填写优惠事项名称）	
9	减：弥补以前年度亏损	
10	实际利润额（3+4-5-6-7-8-9）\ 按照上一纳税年度应纳税所得额平均额确定的应纳税所得额	
11	税率（25%）	
12	应纳所得税额（10×11）	
13	减：减免所得税额（13.1+13.2+…）	
13.1	（填写优惠事项名称）	
13.2	（填写优惠事项名称）	
14	减：本年实际已缴纳所得税额	
15	特定业务预缴（征）所得税额	
16	本期应补（退）所得税额（12-13-14-15）\ 税务机关确定的本期应纳所得税额	

截至本税款所属期末，按照国家统一会计制度规定核算的本年累计营业收入／营业成本／利润总额

根据"资产加速折旧、摊销（扣除）优惠明细表"（A201020）填报

填报税收规定的免税收入、减计收入、加计扣除等优惠事项的具体名称和本年累计金额

填报税收规定的所得减免优惠事项的名称和本年累计金额

根据相关行次计算结果填报

填报纳税人按照税收规定已在此前月（季）度申报预缴企业所得税的本年累计金额

"跨地区经营汇总纳税企业总机构"的纳税人填报第 17、18、19、20 行；"跨地区经营汇总纳税企业分支机构"的纳税人填报第 21、22 行

	汇 总 纳 税 企 业 总 分 机 构 税 款 计 算	
17	总机构 总机构本期分摊应补（退）所得税额（18+19+20）	
18	其中：总机构分摊应补（退）所得税额（16×总机构分摊比例___%）	
19	财政集中分配应补（退）所得税额（16×财政集中分配比例___%）	
20	总机构具有主体生产经营职能的部门分摊所得税额（16×全部分支机构分摊比例___%×总机构具有主体生产经营职能部门分摊比例___%）	
21	分支机构 分支机构本期分摊比例	
22	分支机构本期分摊应补（退）所得税额	

适用于民族自治地区纳税人填报

	实 际 缴 纳 企 业 所 得 税 计 算	
23	减：民族自治地区企业所得税地方分享部分：□免征 □减征（减征幅度___%）	本年累计应减免金额［（12-13-15）×40%×减征幅度］
24	实际应补（退）所得税额	

谨声明：本纳税申报表是根据国家税收法律法规及相关规定填报的，是真实的、可靠的、完整的。

纳税人（签章）：年月日

图 7-9　企业所得税月（季）度预缴纳税申报表（A 类）

7.3.5 年度纳税申报表填报

企业所得税年度申报表在原版的基础上也进行了修订，其中，实行查账征收方式的企业填报《企业所得税年度纳税申报表（A类，2017年版）》及其他有关资料，按照核定征收办法缴纳企业所得税的企业填报《企业所得税月（季）度预缴和年度纳税申报表（B类，2018年版）》及其他相关资料。实行核定定额征收企业所得税的纳税人，不进行汇算清缴。企业所得税年度纳税申报表（A类）封面，如图7-10所示。

图7-10 企业所得税年度纳税申报表（A类）封面

上图中税款所属期限的填写分为4种情况，具体内容如下。

①正常经营的纳税人，填报公历当年1月1日至12月31日。

②纳税人年度中间开业的，填报实际生产经营之日至当年12月31日。

③纳税人年度中间发生合并、分立、破产、停业等情况的，填报公历当年1月1日至实际停业或法院裁定并宣告破产之日。

④纳税人年度中间开业且年度中间又发生合并、分立、破产、停业等情况的，填报实际生产经营之日至实际停业或法院裁定并宣告破产之日。

在具体进行年度纳税申报时，要根据企业的实际情况来选择需要填报的表单，常用的表单有企业所得税年度纳税申报基础信息表（A000000）、企业所得税年度纳税申报表（A类）（A100000）、纳税调整项目明细表（A105000）、职工薪酬支出及纳税调整明细表（A105050）、一般企业收入明细表（A101010）、一般企业成本支出明细表（A102010）以及减免所得税优惠明细表（A107040）等，大多数情况下，需要填写8～10张左右的表单。

"企业所得税年度纳税申报表（A类）"（A100000）为主表，纳税人要按要求计算填报利润总额、应纳税所得额和应纳税额等有关项目。该表分为利润总额计算、应纳税所得额计算、应纳税额计算3个部分。利润总额计算部分（2021年修订），如图7-11所示。

行次	类别	项目	金额
1	利润总额计算	一、营业收入(填写 A101010\101020\103000)	
2		减：营业成本(填写 A102010\102020\103000)	
3		减：税金及附加	
4		减：销售费用(填写 A104000)	
5		减：管理费用(填写 A104000)	
6		减：财务费用(填写 A104000)	
7		减：资产减值损失	
8		加：公允价值变动收益	
9		加：投资收益	
10		二、营业利润(1-2-3-4-5-6-7+8+9)	
11		加：营业外收入(填写 A101010\101020\103000)	
12		减：营业外支出(填写 A102010\102020\103000)	
13		三、利润总额(10+11-12)	

图7-11 企业所得税年度纳税申报表（A类）部分内容

- "利润总额计算"中的项目，按照国家统一会计制度规定计算填报。实行企业会计准则、小企业会计准则、企业会计制度、分行业会计制度的纳税人，其数据直接取自《利润表》（另有说明的除外）。

- "应纳税所得额计算"和"应纳税额计算"中的项目，除根据主表逻辑关系计算以外，通过附表相应栏次填报。

7.4　办税缴费常见问题答疑

当下，办理纳税缴费已经很便利了，但在实际办理的过程中，也可能遇到一些问题，下面具体来看看如何解决这些问题。

7.4.1　逾期报税有哪些处罚

由于工作忙碌、出差频繁等原因，税务人员可能会忘记进行纳税申报，若发生逾期未申报，首先要及时进行补充申报。根据《税务总局关于发布<税务行政处罚"首违不罚"事项清单>的公告》（税务总局公告2021年第6号），首次未按照税收征收管理法及实施细则等有关规定的期限办理纳税申报和报送纳税资料，在税务机关发现前主动改正或者在税务机关责令限期改正的期限内改正的，不予行政处罚。

这给了纳税人纠正错误的机会，但如果纳税人逾期申报的次数过多，也可能面临处罚。根据《中华人民共和国税收征收管理法》，纳税人未按照规定的期限申报办理税务登记、变更或者注销登记的，税务机关责令限期改正，可以处二千元以下的罚款；情节严重的，处二千元以上一万元以下的罚款。

另外，逾期申报还会影响纳税人的纳税信用评级，该信用评级已被社会普遍认可，失信会影响公司在市场中的竞争力并可能受到诸多限制。产生逾期未申报记录后，可通过办税大厅办理补充申报，或者登录电子税务局，进入"我要办税"页面，单击"税费申报及缴纳"超链接，在打开的页面中单击"逾期申报"超链接进行补充申报，如图7-12所示。

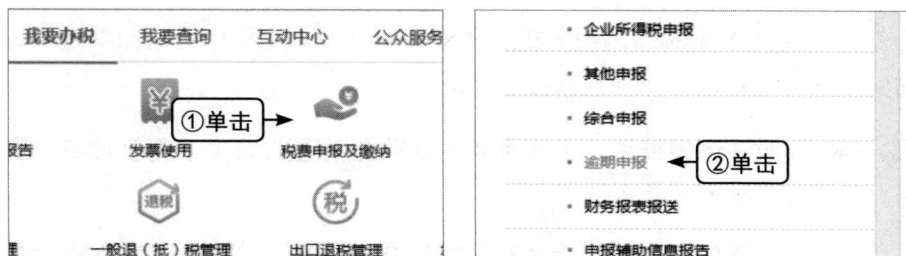

图 7-12　办理逾期申报

7.4.2　如何变更税务登记信息

在经营过程中如果企业登记信息发生变更，需要向主管税务机关申报办理信息变更，比如法人变更、地址变更、办税人变更以及注册资本变更等。变更税务登记信息同样可以通过电子税务局办理，具体路径是进入电子税务局→我要办税→综合信息报告 / 身份信息报告。

在信息报告页面，根据纳税人类别选择"一照一码户信息变更""两证整合个体工商户信息变更事项"或"变更税务登记"，如图7-13所示。

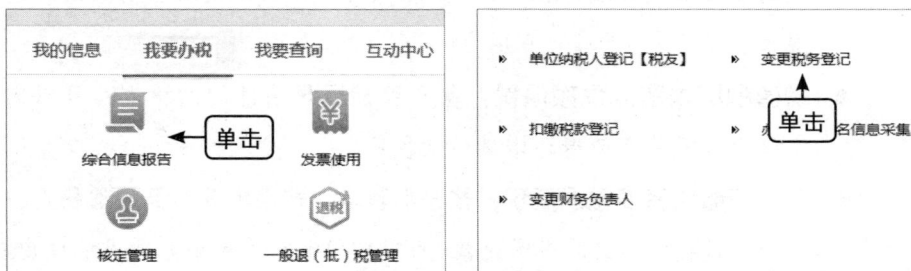

图 7-13　变更税务登记

办理时按要求填写资料并提交变更税务登记表，主管税务机关会在受理并审核通过后在线将结果通知书推送给纳税人。

7.4.3 可申请的退税包括哪些

退税是指因某种原因税务机关将已征税款按规定程序退给原纳税人，纳税人可申请的退税主要包括以下几种。

- **误收多缴退抵税**：因税务机关误收或纳税人误缴而产生的应退还给纳税人的税款。

- **入库减免退抵税**：符合政策规定可以享受减免的税款，如增值税即征即退，税务机关征收入库后，再按规定程序部分或全部退还给纳税人已纳税款。

- **车船税退抵税**：符合车船税退抵税申请范围的纳税人，可以向税务机关申请办理退（抵）税费。

- **石脑油、燃料油消费税退税**：在我国境内使用石脑油、燃料油生产乙烯、芳烃类化工产品的企业，包括将自产石脑油、燃料油用于连续生产乙烯、芳烃类化工产品的企业，将外购的含税石脑油、燃料油用于生产乙烯、芳烃类化工产品的企业，且生产的乙烯、芳烃类化工产品产量占本企业用石脑油、燃料油生产全部产品总量的 50% 以上（含）的，可按实际耗用量计算退还所含已缴纳的消费税。

- **增值税期末留抵税额退税**：符合留抵退税条件的纳税人，可以向主管税务机关申请退还增量留抵税额。

- **汇算清缴结算多缴退抵税**：按分期预缴、按期汇算结算的纳税人，在清算过程中形成的多缴税款，可以向税务机关申请办理退抵税费。

- **车辆购置税退税**：已缴纳车辆购置税的车辆，发生车辆退回生产企业或者经销商的，符合免税条件但已征税的设有固定装置的非运输车辆，以及其他依据法律法规规定应予退税情形的，纳税人可以向税务机关申请退还已缴纳的车辆购置税。

办理不同的退税需要提供的材料有所不同，在办理前，税务人员要了解清楚退抵税的申请范围以及所需材料。

7.4.4 如何开具涉税证明

纳税人如果需要开具涉税证明，可以通过办税服务厅、电子税务局或自助办税终端办理。可以开具的涉税证明主要有税收完税证明、转开税收完税证明、转开印花税票销售凭证、资源税管理证明、中国税收居民身份证明和无欠税证明等。符合下列情形之一的，可以申请开具税收完税证明。

①通过横向联网电子缴税系统划缴税款到国库（经收处）后或收到从国库退还的税款后，当场或事后需要取得税收票证的。

②扣缴义务人代扣、代收税款后，已经向纳税人开具税法规定或国家税务总局认可的记载完税情况的其他凭证，纳税人需要换开正式完税凭证的。

③纳税人遗失已完税的各种税收票证（《出口货物完税分割单》、印花税票和《印花税票销售凭证》除外），需要重新开具的。

④对纳税人特定期间完税情况出具证明的。

⑤国家税务总局规定的其他需要为纳税人开具完税凭证情形。

纳税人申请开具税收完税证明时，需要提供以下办理材料。

已办理税务登记的纳税人。加载统一社会信用代码的营业执照（或税务登记证、组织机构代码证等）原件 1 份（查验后退回）。

自然人。身份证件原件 1 份（查验后退回）。

证券交易场所和证券登记结算机构扣缴证券交易印花税后，需要换开税收完税证明。加盖开具单位的相关业务章戳的成交过户交割凭单或过户登记确认书 1 份。

通过保险机构缴纳车船税后，需要换开税收完税证明。记载车船税完税情况的交强险保险单复印件 1 份。

储蓄机构扣缴储蓄存款利息所得税后，需要换开税收完税证明。记载储蓄存款利息所得税完税情况的利息清单 1 份。

实务答疑

问：新公司没有发生应税收入，需要纳税申报吗？

答：公司在纳税期内没有应纳税款的，也应当按照规定办理纳税申报。小微企业按照有关政策规定享受减税、免税待遇的，也需要进行申报，申报的方式是如实在纳税申报表及其附表中填写免税额，并提交税务部门受理。

问：月销售额未超过 15 万元的小规模纳税人如何开具发票？

答：①已经使用金税盘、税控盘等税控专用设备开具增值税发票的小规模纳税人，月销售额未超过 15 万元的，可以继续使用现有设备开具发票，也可以自愿向税务机关免费换领税务 Ukey 开具发票；②销售额未超过 15 万元，但已就部分销售额开具了增值税专用发票，未开具增值税专用发票的销售额仍可享受免征政策，开具增值税专用发票的销售额若要享受免征政策，需要按规定将增值税专用发票作废或者开具红字专用发票后才能享受。

问：什么是纳税申报前的抄报税？

答：使用增值税发票管理系统的纳税人在进行纳税申报前要先进行抄报税，抄报税是指抄报增值税发票数据。纳税人可以到办税服务厅办理，也可以通过税控设备抄报税。